Wilhelm Joseph Behr

Versuch einer allgemeinen Bestimmung des rechtlichen Unterschiedes

zwischen Lehen-Herrlichkeit und Lehen-Hoheit

Wilhelm Joseph Behr

Versuch einer allgemeinen Bestimmung des rechtlichen Unterschiedes
zwischen Lehen-Herrlichkeit und Lehen-Hoheit

ISBN/EAN: 9783743623255

Hergestellt in Europa, USA, Kanada, Australien, Japan

Cover: Foto ©Suzi / pixelio.de

Weitere Bücher finden Sie auf **www.hansebooks.com**

Wilh. Jos. Behr's

der Philos. und b. R. Doktors, der Rechte öffentlichen
Lehrers auf der Julius-Universität zu Wirzburg

Versuch

einer allgemeinen

Bestimmung

des

Rechtlichen Unterschiedes

zwischen

Lehen-Herrlichkeit und Lehen-Hoheit

mit

Anwendung auf die Subjekte beyder sowohl
im ganzen teutschen Reiche als dessen
Theilen.

Wirzburg
bey J. J. Stahel sel. Wittwe und Sohn,
1799.

Vorrede.

Unstreitig sollte die Abhandlung der Lehen-Hoheit einen Gegenstand der Theorie des Lehen-Rechts, nebst andern ausmachen. Schon der Begriff davon muß allein diese Foderung rechtfertigen.

Es ist daher gewiß jedem, der sich nur einigermaßen dem Studium dieses Theils der Rechtsgelehrtheit widmet, auffallend, auch in den besten Lehrbüchern des Lehen-Rechts

Befriedigung dieser gerechten Foderung zu vermissen; selbst in Commentaren — deren Verfassern jede Gelegenheit, mit Kenntnissen zu glänzen, doch recht sehr erwünscht zu seyn scheint — diese Lücke doch unausgefüllt zu sehen.

Schon lange vor mir bemerkte Nettelbladt diese Lücke, und machte das gelehrte Publikum in seiner Abhandlung über die rechte Einrichtung eines Lehrbuchs der Lehenrechts-Gelahrtheit *) darauf aufmerksam. Allein noch fand ich bis jetzt keine Ab-

*) in den wöchentlichen Hallischen Anzeigen vom Jahre 1782. Nro. 3—8, und nachher abgedruckt in Zepernicks Sammlung auserl. Abhandl. aus dem Lehen-Rechte, (Halle 1782.) Thl. 3. S. 365.

Abhilfe dieser Beschwerde, welches um so mehr Verwunderung erregen muß, da die so gewöhnliche Abtheilung des Lehen-Rechts in Privat- und Staats-Lehen-Recht, auf die so wesentlich zum letzteren gehörige Abhandlung der Lehre von der Lehen-Hoheit nothwendig hätte führen sollen.

Flüchtig hingeworfene Begriffe von Lehen-Hoheit, und höchstens einige wenige, ihren Unterschied von der Lehen-Herrlichkeit blos den Namen nach bezeichnende, die Sache aber lange nicht entschöpfende Merkmale sind alles, was in den älteren und neuesten Schriften über lehenrechtliche Gegenstände, darüber anzutreffen ist.

Bey der nahen Verwandtschaft dieses Gegenstandes mit dem Staats-Rechte, hätte man hoffen können, vielleicht in diesem Fache irgendwo eine ausführliche Abhandlung desselben zu finden. Einige der neuern wollen ihm sogar ausschliessend in diesem Theile der Rechts-Gelehrtheit seine Stelle angewiesen wissen; da aber auch Sie es bis itzt beym Wollen bewenden liessen, so blieb auch diese Hoffnung bis itzt unerfüllt.

Nichts ist dem Konkreten-Systeme der Staats-Wissenschaft und Rechts-Politik angemessener, nichts geschickter, den, auf das allgemeine oder auch nur auf gewisse bestimmte Objekte sich beziehenden schon vorhandenen Anstalten und Gesetzen eines Staa-

Staates, die in ihrer Ausführung und Anwendung selbst, gewöhnlich immer mehr überhandgenommene Lähmung zu benehmen, und den künftigen desto größere Dauer zu verschaffen, — nichts ist dem Rechtsgelehrten selbst, bey Bearbeitung jedes Theiles seiner Wissenschaft dringenderes Bedürfniß, — als Untersuchung und Darstellung des ganzen Umfanges, oder nur desjenigen bestimmten Zweiges der höchsten Staats-Gewalt, aus welchem die Gesetze, und das, vor ihm liegende, aus jenen aufgeführte einzelne Gebäude der Jurisprudenz hervorgegangen sind; ohne dieses wird er kaum in seinem Fache bedeutende Fortschritte machen können. Es ist ein sehr wahrer, auch mit den strengsten Grundsätzen bürgerlicher Unterwürfigkeit übrigens bestehender Satz, welchen der Verfasser des Geists der juristischen Litteratur vom Jahre 1796. S. 313. aufstellte: „Die Gesetze selbst können kei„nen bessern Wächter haben, als die freye „Untersuchung über Sie, — und über „alles, was vorwärts und rückwärts „mit ihnen zusammenhängt. — Die„sen Untersuchungs-Geist stören, heißt „der Vollziehung der Gesetze Hindernisse in „den Weg legen, ihn durch den Gesetzge„ber selbst gestört zu sehen, heißt, Zeuge „der tragischen Scene einer Saevitia in „viscera sua seyn, einer Handlung, welche „sonst von den Gesetzgebern selbst so hart „bestraft zu werden pflegt."

Zur

Zur Anwendung obiger Sätze auf den Lehenrechts-Gelehrten, wird kaum einer meiner Leser, meiner Anleitung bedürfen. Die Lücke, welche durch Versäumniß der Untersuchung und Darstellung desjenigen Theils der höchsten Staats-Gewalt, welche, indem sie sich an einem bestimmten Objekte, dem Lehen-Institute nämlich, äußert, Lehen-Hoheit heißt, im Lehen-Rechte entsteht, wird bey besondern Territorial-Lehen-Rechten, und muß sich da am aller sichtbarsten zeigen.

Sie einigermaßen auszufüllen, oder doch wenigstens den Weg dazu zu bahnen, ist der indireckte Endzweck dieser Arbeit, ihre Nothwendigkeit, und der davon zu erwartende Vortheil für die Wissenschaft selbst, mein Bestimmungs-Grund hiezu.

Es bleibt nichts übrig, als der Wunsch — daß seine Leser in der Erwartung, die sie vermöge der Aufschrift zu fassen berechtigt sind, sich befriedigt finden mögen —

des Verfassers.

Inhalt.

I. Abschnitt.

Ent-

Entstehung und Entwicklung der Lehen-Herrlichkeit §. 4.

— — — — der Lehen-Hoheit §. 5.

II. Abschnitt.

Lehen-Hoheit ist nicht zu verwechseln mit Hoheits-Lehen §. 6.

Lehen-Herrlichkeit und Lehen-Hoheit unterscheiden sich

I. in Hinsicht ihres Grundes (ratione fundamenti) §. 7.

II. in Hinsicht ihrer Erwerbe-Arten §. 8.

III. in Hinsicht ihrer Subjekte §. 9.

(In wie fern sind der Kaiser und die Reichsstände Subjekte beyder? §. 10—13.)

IV. in Hinsicht ihrer Objekte §. 14.

V. in Hinsicht der darin begriffenen Rechte §. 15—23.

VI. in Hinsicht ihres Zweckes und der Art ihrer Beendigung §. 24.

I. Ab-

I. Abschnitt.

§. 1.

Nichts ist zur Bestimmung der Gränze zwischen zween oder mehreren analogen Rechten oder Geschäften, und den daraus abzuleitenden Folgen mehr nothwendig als möglichst genaue Bestimmung ihrer Begriffe. So gerne ich glaube, daß dieienigen Rechte und Verbindlichkeiten, welche die wesentlichen Bestandtheile der Lehen-Hoheit sowohl als der Lehen-Herrlichkeit ausmachen, größten Theils nicht ungekannt seyn; so bin ich doch eben so sehr überzeugt, daß man sich nicht selten beyde, als unter einem Rechts-Subjekte enthalten, denke, daß man beyde nicht in einem deutlichen Bewußtseyn von einander zu scheiden wisse, daß man die Bestandtheile beyder nicht als ausschliessende Bestandtheile zweyer in ihrem Wesen verschiedener Rechts-Subjekte kenne. Diese Verworrenheit der Begriffe ist die Mutter der schädlichsten Folgen in der Theorie sowohl als in ihrer Anwendung selbst: diese werden dem aufmerksamen Leser bey jedem Schritte dieser Abhandlung von selbst in die Augen springen: jene zu heben, ist ein doppelter Weg möglich: man kann von dem Ursprunge zweyer angränzenden Rechte aus, und durch ihre allmählige Ausbildung, bis zu ihrer Vollkommenheit, oder wenigstens bis zu dem Grade fortschreiten, auf welchem sie itzt stehen, und nach der Uebersicht des Ganzen beyder Begriffe bestimmen: — oder man geht von dem Begriffe aus, und führt den Leser durch die einzeln zerlegten Merkmale auf ihre Differenzen und den daraussliessenden Folgen fort. Ich wählte letztern Weg, da die Objekte dieser Abhandlung schon in ihrer Vollkommenheit wirklich sind, und also mir derselbe aus sehr natürlichen Gründen der bessere schien: gehe demnach zu dem Begriffe sebst über.

§. 2.

§. 2.

Unter Lehen = Herrlichkeit (dominium feudi, jus domini feudalis) verstehe ich den Inbegriff derjenigen Rechte, welche dem Lehenherrn, vermöge des Lehen-Bandes aus den Lehen-Gesetzen, und dem Lehen-Vertrage, zustehen. Unter diesem Begriffe ist sowohl das eigentliche Lehen-Herrliche Eigenthum am Lehen im strengen Verstande, als auch der Inbegriff der, entweder durch die allgemeinen Lehen-Gesetze bestimmten, oder in einzelnen Lehenverhältnissen durch besondere Verträge modificirten mit jenem verbundenen Rechte, enthalten: gleichviel übrigens, ob das natürliche Eigenthum am Lehen, oder ein besonderer Rechts-Titel, vermöge welchem Jemanden die Ausübung der mit jenem gesetz- oder vertragsmäßig verbundenen Rechte, jedoch in eignem Namen zusteht (sonst prodominium feudale genannt). Diese Lehen-Herrlichkeit begründet:

Ihr setze ich die Lehen = Hoheit in dem Verstande entgegen; in welchem darunter alle in der Hoheit des Staats enthaltenen Rechte,

wel-

welche die im Staate befindlichen Lehen betreffen, begriffen werden, mithin diejenigen Rechte, welche dem Regenten des Staates, in welchem die Lehen sind, nicht als Lehen-Herrn, sondern als Regenten zustehen. Lehen-Hoheit (potestas feudalis civilis, sive imperium civile, sive superioritas territorialis in feuda) ist demnach der Inbegriff der bürgerlichen Hoheits-Rechte über alle im Staate sich befindenden Lehen.

Anmerk. Indem ich den Begriff von Lehen-Hoheit auf alle im Staate sich befindenden Lehen ausdehne, trete ich den von Böhmer, Nettelbladt und Schnaubert aufgestellten Begriffen bey, ohne dem in mündlichen Vorträgen einiger Lehenrechts-Lehrer vorgetragenen Begriffe von Lehen-Hoheit beyzustimmen, vermöge welchem sie der Inbegriff der bürgerlichen Hoheits-Rechte blos über die eigentlichen Staats-Lehen im Gegensatze der Privat-Lehen seyn soll. Da die bürgerliche Staats-Gewalt als solche ihre Wirkung über die Staats- wie über die Privat-Lehen in vollkommen gleichem Grade äußert, so finde ich schlechterdings keinen Grund, der die Beschrän-

kung

kung dieses Begriffs auf die Staats-Lehen mit Ausschluß der Privat-Lehen hinreichend begründete.

§. 3.

Bey der Anwendung dieser Begriffe auf das teutsche Reich fällt es sogleich in die Augen, daß die Lehen-Herrlichkeit in Hinsicht ihrer Subjekte abgetheilt werden müsse, in die Kaiserliche, Landesherrliche und in die der Privaten; die Lehen-Hoheit in derselben Hinsicht aber nur zerfalle in die Kaiserliche und Landesherrliche (unter der Landesherrlichen Lehen-Herrlichkeit und Lehen-Hoheit begreife ich immer zugleich mit die der Reichsstädte). Unter der Kaiserlichen Lehen-Herrlichkeit wird demnach zu verstehen seyn der Jebegriff der Lehenherrlichen-Rechte, welche dem Kaiser als Reichs-Lehen-Herrn und zwar über alle Reichsaktiv-Lehen zustehen, sie mögen innerhalb oder selbst außerhalb dem Reichs-Gebiethe gelegen seyn. Unter der Kaiserlichen Lehen-Hoheit aber jene Lehen-Hoheit, die dem Kaiser und Reiche über alle Reichs, sowohl Aktiv- als Passiv-Lehen zu-

 steht.

steht. Da sich die bürgerliche Staats-Gewalt im Reiche nur auf das Reichs-Gebieth selbst erstreckt, so versteht sich von selbst, daß sich die Kaiserliche Lehen-Hoheit nur auf die im Reichs-Gebiethe selbst liegenden Reichs Aktiv- und Passiv-Lehen erstrecken könne.

Die Landes-Herrliche-Lehen-Herrlichkeit ist der Inbegriff der Lehen-Herrlichen Rechte, welche einem Landes-Herrn als Lehen-Herrn über alle Landes, (öffentliche- provinzial-) in oder außerhalb seinem Gebiethe gelegenen Aktiv-Lehen zukommen: die Landesherrliche Lehen-Hoheit hingegen; der Inbegriff aller einem Landesherrn, als solchem, über alle sowohl im Lande gelegenen Landes Aktiv- und Passiv-Lehen, als auch selbst im Lande gelegenen Privat Lehen zustehenden bürgerlichen Hoheits-Gerechtsame.

Die Lehen-Herrlichkeit der Privaten ist der Inbegriff der den Reichs- mittelbaren sowohl physischen als juristischen Personen über das, oder die einzelnen von ihnen relevirenden Lehen zustehenden Lehen-Herrlichen Gerechtsame.

Schon

Schon aus den Begriffen von Lehen-Hoheit und Reichs Mittelbarkeit folgt, daß Letzteren an und für sich keine Lehen-Hoheit zustehen könne: und, daß die ihnen vermöge einer besondern Kaiserlichen oder Landesherrlichen Verleihung allenfalls zustehende Ausübung der Lehen-Hoheit oder eines Theils derselben, keinen hinreichenden Theilungs-Grund abgebe, wird wohl keines Beweises bedürfen.

§. 4.

So wie die meisten Staatsgebäude sowohl, als einzelne politische Institute in denselben ehemals Form und Umriß nicht, wie es wohl heut zu Tage zu geschehen scheint, vorhergezogenen philosophischen Axionen über die Natur der bürgerlichen Gesellschaft, sondern vielmehr gerade zufälligen dringenden Bedürfnissen zu verdanken hatten, so war auch dies der Fall mit dem Lehen-Institute, unbedeutend in den ersten Perioden seiner politischen Existenz, so wichtig in den folgenden, daß auf ihm das ganze Mittelalter hindurch größten Theils die Staatsverfassung von Teutschland beruhte, und selbst in dem gegenwärtigen Zeitpunkte noch geltend genug, daß eine kurze Uebersicht seiner Entstehung und allmähligen Ausbildung hier nicht am unrechten Orte stehen mögte, und zwar um so weniger, da jene der Lehen-Herrlichkeit und der Lehen-Hoheit mit dieser im genausten Verhältnisse steht.

So sehr in den ältesten uns bekannten Zeiten jeder freye Teutsche den Krieg liebte — denn Waffen waren sein erstes Spiel-Geräthe, Krieg gegen die Thiere seine einzige Beschäftigung, und von diesem ist nichts leichter als der Uebergang zu jenem, zu beyden dienen dieselben Waffen — so stritt er doch nur für sich und die Nation, wenn es diese beschlossen hatte, nicht nach der Könige und Heerführer eignem Willen. Wollten diese ein Gefolge von getreuen und besonders verpflichteten Begleitern im Kriege um sich haben, die an ihrer Seite fochten, die mit ihnen und für sie leben und sterben wollten, so mußten sie sich besonderer Mittel bedienen, solche Leute in ihr Interesse zu ziehen: wirklich verstanden sie dies

sehr

sehr gut, sie versprachen und gaben ihnen für ihre geleisteten Dienste, was damals allein fähig war, den Teutschen zu fesseln, Geschenke an Waffen und Pferden, sie theilten mit ihnen die Beute, und sorgten für ihren reichlichen Unterhalt und anderes; Tacitus nennt es: Epulas & quamquam incomtos largos tamen ad paratus: — gaben von der einen, von der andern Seite Verpflichtung zu besonderer Treue und Kriegsdienste: wer fände nicht hierin die ersten Keime des Lehenwesens, eine gewisse Art von Lehen-Herrlichkeit, und ihr entsprechende Vasallen-Pflicht, obgleich man diese Namen noch nicht kannte?

Je weiter die Teutschen ihre Eroberungen ausdehnten, desto mehr stieg das Ansehen und die Macht ihrer Könige und Heerführer; ihnen fielen bey Vertheilung der eroberten Länder die schönsten und größten Theile heim, ihnen überließ die Nation Güter und Domainen, und allmählich ihr Amt auch nach geendigtem Kriege, um immer darauf gefaßt zu seyn. Keinen Menschenkenner wird es befremden, daß diese nun unruhig, Nachahmer des fremden Despotismus wurden, und die Bedürfnisse der Eroberungssucht fühlten: und doch konnten sie die Nation, ohne daß sie es selbst vorher beschlossen hatte, nicht zum Kriege aufbiethen, nicht ihre Privatfehden zur Sache der Nation machen. Bedürfniß zwang sie also, wieder tapfere Leute in ihre Verbindung zu ziehen: nur war das ehemalige Band zu schwach, und Geld hatte man nur wenig; zum Glücke fanden sie in der durch den Anblick eines fruchtbaren Bodens, durch Noth, den Unterricht der Römer, und versuchten Genuß, zum Ackerbau und liegenden Gründen erweckten Neigung, ein vortreffliches Mittel, ihre Absicht zu erreichen, ein Mittel, dessen sie sich um so leichter bedienen konnten, je mehr ihnen bey den Theilungen Ländereyen zugefallen waren. Sie räumten also vielen die Benutzung von gewissen Grundstücken und Revenüen ein, und ließen sich dafür eine besondern Ergebenheit und Treue versprechen, insbesondere auf ihr Aufgeboth ihnen Kriegs- und andere Dienste zu leisten.

Dies

Dies die nächste Stuffe zu dem nachmals so sehr ausgebreiteten Lehen-Institute, nämlich die Periode des alten teutschen Beneficien-Wesens. Schon zu Klodwigs und in den folgenden Zeiten kommen einige Spuren davon vor a), deutlichere und zuverläßigere noch unter Pipin b); und es wars, durch dessen Hilfe Karl und Otto die Großen, so viele Eroberungen machen, und die gemachten behaupten konnten, wovon in den Kapitularien besonders Karls des Großen und Ludwigs des Frommen so häufig Meldung geschieht c). So gefährlich aber diese Art von Verbindung dem Staate selbst wurde, denn bey der Anhänglichkeit der

a) Man s. d. Gregor. Turon. histor. Franc. lib. 4. cap. 45. lib. 7. cap. 22. lib. 10. cap. 19. und von Buri in der Erläut. des Lehen-Rechts S. 14. folg.

b) Thomas. de originib. feudal. §. 12.

c) Man s. H. v. Senkenbergs corp. jur. feudal. pap. 672. seq. Schmidts Geschichte der Teutschen 3. Buch. Kap. 10. und folg.

Verpflichteten an ihren Herrn wurde das Vaterland außer Acht gelassen, der Fürst vom Staate getrennt, der Getreue (schon damals Vasall genannt) diente seinem Herrn, nicht dem Staate, oft jenem gegen diesen; die Nationalfreyheit mußte dadurch zu Grunde gerichtet werden, und ward es auch, dem Volke wurde sein Antheil an der gesetzgebenden Gewalt, an dem Kriegs- und Friedens-Geschäfte aus den den Händen gewunden, und die großen Vasallen des Königs traten an die Stelle der Nation; so gefährlich also diese Verbindung dem Staate selbst wurde, so sehr ist die Staats-Klugheit der Männer zu bedauern, die der Nachahmung ihres Beyspiels von Seiten ihrer großen und mächtigern Bedienten so ruhig zusahen, dem königliche Macht und Ansehen nachmals beynahe ganz unterliegen mußte: denn nachdem das Volk von allem Einflusse auf die öffentlichen Angelegenheiten entfernt war, gab es keine Mittelmacht, die zwischen dem immer weiter um sich greifenden Corps der Großen und dem Throne das Gleichgewicht hätte erhalhalten können. — Da jene Beneficia oder Pfründen ein Niesbrauch waren, der zur Besoldung und Belohnung für die Dienste gegeben wurde, so war es natürlich, daß er mit dem Leben der Diensteleistenden aufhörte, ob es gleich schon kein gar seltener Fall war, daß das Beneficium eines verdienten Vaters, aus besonderer Gnade dem Sohne gelassen wurde, gleichwie dieß auch heut zu Tage nicht ohne Beyspiel ist: zwar war es schon gegen das Ende der Karolinger so weit gekommen, daß den Söhnen der Herzogen die Beneficia der Väter nicht wohl genommen werden konnten; dennoch hatten jene kein vollkommnes und unstreitig anerkanntes Erbrecht d). Kaum aber hatte Konrad II. im Jahre 1037. in Italien die Erbfolge in den Pfründen der Kriegsleute eingeführt,

d) Man s. Gundlingiana P. 3. Art. I. §. 2. seq. Jo. Schilter de natura success. feudal. cap. 1. §. 5. seq. Kopp hist. jur. part. 4. epoch. 1. thes. 10. Koehlers Reichs-Historie pag. 15. (2te Ausg.)

führt e), als auch die teutschen Pfründen-Besitzer, ein gleiches Erbrecht zu prätendiren, anfiengen. Die Könige waren durch die Hingabe so vieler Ländereyen arm, sie hingegen durch deren Empfang reich geworden, und hatten sich durch Nachahmung des königlichen Beyspiels Anhänger, und durch diese eine Macht zu verschaffen gewußt, mit welcher sie den Königen, die doch bey den häufigen Familien-Zwistigkeiten ihre Dienste so nöthig hatten, alle Rechte abdringen konnten; ob schon ihnen also gleich dieses Erbrecht nie ausdrücklich verwilliget wurde, (wenn schon Kopp in der angezogenen Stelle dieses behauptet, indem er die Konradinische Konstitution für Italien, auch, aber sehr irrig, auf Teutschland beziehet) so führten sie es doch eigenmächtig bey ihren Pfründen ein, und bald war es durch ein allgemeines Herkommen begründet: die schwachen Könige mußten es sich gefallen lassen.

Unter

e) Man s. I. f. 1. §. 1. V. f. 1. und H. v. Senkenbergs select. jur. & histor. tom. 3. pag. 263.

Unter Fredrich I. hat man Beyspiele von einem anerkannten Erbrechte der Descendenten f). Damit ergaben sich in den Pfründen folgende Veränderungen: Die Descendenten leisteten die besondere Treue und Kriegsdienste nicht mehr vermöge eines übernommenen Amtes, oder Dienstes, sondern vermöge des ihnen gelassenen Gutes, wegen des Besitzes und Genusses desselben. Die Benefizien vertraten demnach nicht mehr die Stelle der Besoldungen; die Treue, welche vorhin blos persönliche Treue gewesen, ward itzt in Rücksicht auf das Gut, den Besitz und Genuß desselben, geleistet,

f) Man führt zu dem Ende unter andern eine Urkunde vom Jahre 1160. in Broweri lib. 3. antiquit Fuldens. c. 18. p. 265. an, worinn Marquard Abt von Fulda sagt: „Quicumque Laicorum aliquando tempore habeat inter manus villicationem hujus abbatiae, optimos inde sibi excepit mansos, *eosque pro beneficiali jure in suos haereditavit filios.*“ Man s. Jo God. Bauer dissert. de communi saxonum manu ob neglectam renovationem amissa §. 5.

ſtet, die Verbindlichkeit dazu ward auf das Gut gelegt, und damit verbunden, alſo dingliche Treue: die Beſitzer ſelbſt erweiterten nach und nach ihre Gerechtſame, wie ſich immer derjenige, der ein Gut erblich bekömmt, gröſſere Rechte auf daſſelbe anmaßt, als einer, welcher es nur für ſeine Perſon erhält: ſie trachteten die Rechte, welche ſie auf den Pfründen hatten, den Rechten auf eigenthümliche Sachen ähnlich zu machen, und dieß zwar mit ſolchem Erfolge, daß den Vaſallen ſchon in den Urkunden des 13ten Jahrhunderts ein nutzbares Eigenthum zugeſchrieben wird.

Die Vaſallen erhielten alſo nach und nach ein nutzbares Eigenthum auf ihre Güter, unter der Verbindlichkeit zur beſondern Treue, und ſo waren die heutigen Lehen, die Lehen in der gegenwärtigen Geſtalt vorhanden g). Selbſt der Name Beneficium verlohr ſich nach und nach in Fodum, Feodum, Feudum, welche Benen-

g) Böhmer in obſerv. jurisfeudal. obſ. 2. §. 7. 8. obſ. 3. §. 6.

nennung im 11ten Jahrhunderte allgemein wurde h).

Ob nun gleich das ganze Lehenverhältniß wirklich, und zwar um so häufiger existirte, je mehr man es sich in einer Periode zur Ehre schätzte, und je mehr in einer andern bey der immer mehr einreißenden Anarchie, und dem Mangel an Schutze von Seiten der ohnmächtigen höchsten Staats-Gewalt, es die Nothwendigkeit heischte, in selbes zu treten, so war doch die Lehen-Herrlichkeit wenigstens ihrer Intension nach, immer noch unbestimmt und schwankend; denn das Lehenrecht überhaupt, von welchem diese ihre Bestimmung hätte erhalten müssen, war es selbst noch zu sehr: zwar findet man schon einzelne Verordnungen, die Beneficia der Franken betreffend, unter den Kö-

---

h) Des Wortes Lehen bediente man sich erst im 12ten Jahrhunderte, vorher war die Benennung Feode am üblichsten, wie dieß Fr. C. Konradi in seiner Abhandl. de nominibus, Feod. & Lehen, aus einer Urkunde zeigt.

Königen des Karolingischen Stamms i), und unter den folgenden Königen und Kaisern Teutschlands zeichneten sich besonders **Konrad** der Saller, **Heinrich** III., **Lothar** von Sachsen, und vor allen andern **Friedrich** I. als Gesetzgeber in Lehen-Sachen aus. Allein diese Gesetzgebung war im Ganzen doch noch viel zu dürftig, und lange bestand noch bey weitem der größte Theil des Lehen-Rechts aus bloßen Entscheidungen einzelner Lehen-Gerichte, partikulären Lehen-Gebräuchen und Gewohnheiten, und höchstens den Gesetzen einiger Lehenhöfe, so wie es uns durch die Privat-Sammlungen eines vetus auctor de beneficiis, die letzten Theile des Sachsen- und Schwaben-Spiegels, und das sogenannte Kaiser-Recht, überliefert, und noch bis auf diese Stunde zum wenigsten von hermenevtisch-praktischen Nutzen ist; bis endlich eben die Ursachen, welche die Aufnahme des Römischen Rechts begünstigten, die

---

i) Baluzii capitul: reg. Francor. tom. 1. p. 182. 494. 611. tom. 2. p. 317.

die Aufnahme der Longobardischen Lehenrechts-Bücher beförderten. Die Gewohnheiten der einzelnen Lehenhöfe wichen in vielen Stücken zu sehr von einander ab, die bisherigen Privat-Sammlungen fand man zu oft unzureichend, und das Longobardische Lehenrecht war bereits als ein Anhang dem Römisch-Justinianeischen Gesetzbuche beygefügt. Das im Jahre 1495. errichtete Kammer-Gericht wurde sogleich mit Beysitzern, welche der Rechte gewürdigt waren, besetzt, von welchen in den an das Kammer-Gericht gekommenen Lehen-Sachen das Longobardische Lehen-Recht, außer welchen sie in Lehen-Sachen wenig oder gar keine Kenntniß hatten, angewandt worden k); eben dieß war auch bey den meisten Reichs-Ständischen Gerichten, besonders seitdem die Mannen-Gerichte in Abgang kamen, der Fall. Dazu kam, daß man damals die teutsche Geschichte fast gänzlich vernachläßigt hatte, die Archive und Urkunden verschlossen wurden, man nur frem-

k) Senkenb. in prodrom. cap. 5. §. 5.

fremde Sachen kannte, und zu Hause selbst ein Fremdling war. Das Longobardische Lehen-Recht ist in vielen Stücken den Lehen-Herrn sehr günstig, folglich auch von diesen, da sie ohnehin meistens Landes-Herrn waren, um so mehr begünstigt worden. Genug, seitdem dasselbe durch gemeine Observanz sowohl, als bestättigende Reichsgesetze l) über das unbestimmte ältere teutsche Lehenrecht, der Klagen und Beschwerden einiger Stände ungeachtet, ein entschiedenes Uebergewicht erhielt, auch manche Punkte noch der Reichs-Gesetzgebung gewürdiget wurden m), seitdem ist der Inbegriff Lehenherrlicher Rechte, Lehen-Herrlichkeit, gesetzmäßig bestimmt, ob es gleich jedem, in einzelnen Fällen seine Gränzen durch besondere

l) Dahin gehören vorzüglich O. C. und C. O. C. P. 1. tit. 19. pr. 71. 57. P. 2. tit. 1. Ord. jur. aul. tit. 5. §. 1. R. 1. n. §. 105. Capitul. art. 21. §. 1. art. 26. §. 1. &c.

m) Die neuen Reichs-Lehen-Gesetze findet man in v. Senkenbergs corp. jur. feud. pag. 866. seq. edit. 2. gesammelt.

dere Verträge (pacta s. leges investitarae) zu erweitern oder zu beschränken frey steht.

§. 5.

Mit der Existenz der Lehen-Verbindungen in einem Staate, erwachen auch zugleich diejenigen Rechte der höchsten Staats-Gewalt, deren Inbegriff ich Lehen-Hoheit nenne (der Beweis davon wird weiter unten vorkommen). So wie also die großen Kron-Bedienten, oder andere mächtige Personen Teutschlands Vasallen ihrer Kaiser oder Könige wurden, existirte zugleich in ihren Lehen ein Objekt, welches Kaiserliche Lehen-Hoheit wenigstens objektiv möglich machte, und sobald es jenen Vasallen gelungen war, sich zu Landesherrn der ihrer Verwaltung anvertrauten Gaue oder Distrikte empor zu schwingen, war zugleich in den von ihnen relevirenden, und in diesen ihren Bezirken gelegenen Lehen, ein Objekt vorhanden, welches ihre landesherrliche Lehen-Hoheit begründete. War aber auch diese objektiv mögliche Lehen-Hoheit der Kaiser und Landesherrn objektiv wirklich? Machten diese Regenten von ihren Lehen-Hoheitlichen Rechten so Gebrauch, erfüllten sie so ihre Lehen-Hoheitlichen Pflichten, wie sie wirklich konnten und sollten? — Zwar werden wir bey näherer Zergliederung derselben hie und da auf Stellen stoßen, wo es in die Augen fällt, daß es jenen an Publicisten gefehlt haben mochte, die ihre Aufmerksamkeit auf ihre Rechte und Pflichten dieser Art und ihren Umfang hingeleitet hätten; doch läßt es sich nicht verkennen, daß sie eines der vorzüglichsten Rechte, worinn fast alle übrigen zusammen treffen, und welches nur allein durch Lehen-Hoheit begründet wird, nämlich das Recht der Gesetzgebung in Lehen-Sachen zum wenigsten nicht ungenützt ließen. Nicht nur die im vorhergehenden §. schon angezogenen Kaiser, und die noch jetzt bestehenden Reichs-Lehen-Gesetze, sonder auch die vielen Particulär-Lehen-Gesetze einzelner Reichs-Stände; z. B. von Chur-Bayern, von Chur-Sachsen, der Oberlausitz, von Fuld, Chur-Brandenburg, vorzüglich von Preußen

und

und vielen andern, wie sie Mylius gesammelt hat, liefern davon einen vollgültigen Beweis; doch entsteht hier billig noch eine andere Frage, die schwer zu beantworten seyn dürfte, da ihre Beantwortung wenigstens mittelbare Erkenntniß eines subjektiven Bestimmungs-Grundes voraus setzt, die ich eben darum nicht beantworte, weil ich so wenig aus bloßen einseitigen Vermuthungen, (und auf festern Fuß konnte ich zum wenigsten hierinne nicht kommen) entscheiden mag, als ich geneigt bin, einzelne Worte und Sätze aus Gesetzen nur meinem Sinne anzupassen, die Frage nämlich: Gaben die Regenten diese Lehengesetze in der Eigenschaft als bürgerliche Oberherrn, mit dem Bewußtseyn, daß nur ihre Lehen-Hoheit sie hiezu berechtige, oder hielten sie das Recht der Lehen-Gesetzgebung nicht vielmehr für einen Ausfluß ihrer Lehen-Herrlichkeit, und wurden so, als Lehen-Herrn, Lehen-Gesetzgeber? (nur allein von denjenigen Lehen-Gesetzen, die so ganz genau mit den allgemeinen Land-Rechten verwebt sind, scheint diese Frage mit einem großen Grade von Wahrscheinlichkeit beantwortet werden zu können; doch bleiben, auch bey diesem Umstande, noch einige nicht unerhebliche Zweifel übrig).

II. Abschnitt.

§. 6.

Indem ich hoffe, durch Feststellung der Begriffe, und der wenigstens dürren Uebersicht ihrer Entwicklung, die zu scheidenden Gegenstände genau genug gezeichnet zu haben, wage ich es, zu dem eigentlichen Vorwurfe dieser Blätter, zu dieser Scheidung selbst über zu gehen.

Kaum halte ich es für nöthig, einer etwaigen Verwechslung zwischen Lehen-Hoheit und Hoheits-Lehen begegnen zu müssen: da, was des einen Subjekt, des andern Objekt, und was des andern Objekt, des einen Subjekt ist, also beyde in einem gerade entgegen gesetzten Verhältnisse unter sich stehen, würde Furcht vor Mißverständniß Beleidigung seyn.

Schon

Schon in den von mir aufgestellten Begriffen von Lehen-Herrlichkeit und Lehen-Hoheit liegen in der Oberfläche einige jedem ausschliessend eigene Charaktere, die auch dem ungeübtesten Auge, als wesentliche Scheidepunkte beyder, nicht entgehen können. Um sie jedoch von jeder Ansicht zu würdigen, keines ihrer parallelen oder in sich greifenden Glieder unausgehoben und unzerlegt zu lassen, wird es nöthig seyn, sie zu unterscheiden.

§. 7.

I. In Hinsicht ihres Grundes (Fundamenti).

Jede Lehen-Verbindung überhaupt ist eine gewisse Art eines einfachen gesellschäftlichen Verhältnisses, worinn man sich als wechselweise verpflichtete und berechtigte Subjekte erkennt. Der Lehen-Geber verspricht, mit Vorbehalt des Obereigenthums, und unter der Bedingung der Verbindlichkeit zu besonderer Treue, zu Leistung gewisser Dienste, oder Abgaben, jemanden die Cession des Genusses eines gewissen Gutes, der Lehennehmer acceptirt dieß Versprechen, und macht sich zu Erfüllung dieser Bedingung verbindlich, er übernimmt gegen die Uebertragung der Rechte des Niesbrauchs diese Pflichten, und begründet dadurch auf Seite des andern Rechte, die diesen Pflichten entsprechen, deren Summe wir Lehen-Herrlichkeit nennen: gegenseitiges Versprechen, gegenseitige Annahme — Vertrag — über ein Verhältniß, das der Sprachgebrauch mit dem Namen des Lehen-Verhältnisses gestempelt hat — Lehen-Vertrag, — wodurch der Inbegriff der Rechte des Lehen-Gebers, Lehen-Herrlichkeit genannt, begründet wird, was heißt dieß anders, als, der erste und ursprüngliche Grund aller Lehen-Herrlichkeit ist der Lehen-Vertrag. Auf demselben Grunde ruht die Lehen-Herrlichkeit des Kaisers, und der Landes-Herren, auf demselben die der Privaten. Der Kaiser gab seinen Dienern Bezirke seiner Länder zum Genusse, und diese versprachen ihm dafür besondere Treue, und Kriegsdienste; dieß Versprechen, diese Annahme machten ihn zum

Lehen-

Lehen-Herrn über sie. Sie selbst ahmten es dem Kaiser nach, wurden Landes-Herren, und auch ihrem Beyspiele folgten ihrer Untergebenen mehrere.

Zwar traten die Kaiser und Landes-Herrn durch jenen Lehenvertrag mit ihren nunmehrigen Vasallen in eine engere Verbindung; allein dieß nähere Verhältniß hob keinesweges jenes ältere Band auf, wodurch sie schon längst als Regenten und Unterthanen unter sich verbunden waren, zerstörte keineswegs den weit ältern bürgerlichen Vereinigungs- und Unterwerfungs-Vertrag, den einzig möglichen Grund eines Staats. Durch jenen Lehen-Vertrag wurde nur dieß ältere Band noch fester angezogen, noch näher bestimmt, die allgemeine Unterthanen-Treue zur besondern Lehen-Treue erhoben. Noch weniger änderte die etwaige Lehen-Verbindung einiger Privaten unter sich etwas in ihrem bisherigen Verhältnisse zur obersten Gewalt im Staate. Diese, so wie jene, blieben nach wie vor Unterthanen ihrer bürgerlichen Oberherrn. Da es nun, vermöge anerkannter allgemein Staatsrechtlicher Grundsätze, eine natürliche Wirkung des bürgerlichen Unterwerfungs-Vertrags ist, daß jede besondere Verbindung, jedes gesellschaftliche Verhältniß der Unterthanen, der höchsten Gewalt im Staate unterworfen sey, so wird wohl eben so richtig folgen, daß in dem Lehen-Institute ein neues Objekt existirte, woran die höchste Gewalt ihre Rechte äußern konnte und sollte: und gerade diese ursprünglich durch den bürgerlichen Unterwerfungs-Vertrag subjektiv-, und durch die Existenz des Lehen-Instituts objektiv-mögliche Aeußerung der Rechte der höchsten Gewalt im Staate ist es, was ich Lehen-Hoheit nenne. Der letzte Grund aller Lehen-Hoheit ist also der bürgerliche Unterwerfungs-Vertrag in Verbindung mit der Existenz des Lehen-Instituts im Staate.

Der Schluß folgt von selbst: so verschieden der Lehen-Vertrag vom bürgerlichen Unterwerfungs-Vertrage ist, so sehr unterscheiden sich dem Grunde nach, Lehen-Herrlichkeit und Lehen-Hoheit.

§. 8.

§. 8.

So viel der naturrechtliche Grundsatz, daß auch durch den bloßen Vertrag, ohne eine körperliche Handlung, welche in den positiven Rechten die Uebergabe genannt wird, ein dingliches Recht auf einen andern übertragen werde, für sich haben mag, so ist es doch historisch gewiß, daß in Teutschland schon seit ältern Zeitern der bloße Vertrag nicht für hinreichend dazu gehalten werden sey a). Wenn also gleich durch den oben erwähnten Lehen-Vertrag für beyderseitige Kontrahenten gegenseitige persönliche Rechte erzeugt werden, so mußte doch von jeher, und muß noch gegenwärtig eine feyerliche Handlung hinzukommen, wodurch der Lehen-Geber das Recht am Lehen mit der wechselseitigen Verbindichkeit zur be-

a) Sachs. Land-Recht B. 3. art. 52. Schwäbisch. Land-Recht Kap. 30. Der Gold. Ausg. Veerporten de investir. allodior. §. 26. seq. §. 51. seq. Dazu kömmt noch das cap. 2. x. de consuet. welches den teutschen Grundsätzen gemäß ist.

sondern Lehen-Treue auf den Vasallen wirklich überträgt, und durch diese Uebertragung sich seine Lehen-Herrlichen Rechte wirklich erwirbt, ein Erforderniß, das sowohl bey gegebenen als aufgetragenen Lehen eintritt o). Diese feyerliche Handlung, Lehens-Investitur genannt, ist die einzige ordentliche und ursprüngliche Erwerbe-Art aller Lehen-Herrlichkeit, (modus dominium feudi adqurendi ordinarius & originarius) welche jedoch immer einen rechtmäßigen Grund, (justum titulum) nämlich unmittelbaren oder mittelbaren Lehen-Vertrag (unter diesem mittelbaren Lehen-Vertrage verstehe ich die nöthige Einwilligung des Lehen-Herrn auf den Fall, wenn jemand ein Lehen von dem gegenwärtigen Besitzer desselben, durch Kauf-Tausch-Kontrakt, Schenkung u. s. w. an sich bringen will) zum voraus setzt.

Be-

o) Du Fresne glossar. v. investitura. ab Eiben elect. feud. cap. 5. §. 1. seq. Veerpoten l. cit. Heineccі elem. jur. germ. tom. 1. lib. 2. §. 72.

Beträgt sich jemand in Ansehung eines Gutes, welches ein anderer als vollständiger Eigenthümer besitzt, die von den Gesetzen zur Lehen-Verjährung bestimmte Zeit hindurch, als Lehen-Herr, belehnt den Besitzer mit diesem Gute, übt die Rechte eines Obereigenthümers bona fide über ihn aus, so wird er sein Lehen-Herr, der Besitzer sein Vasall, und dieß ist die zweyte ursprüngliche, doch außerordentliche Erwerbs-Art der Lehen-Herrlichkeit p).

Antretung der Succession im Lehen-Obereigenthume: demjenigen, an welchen ein schon constituirtes Lehen veräußert wurde, nach geschehener Veräußerung ertheilte Investitur: demjenigen, der ein Lehen, als solches, wider seinen bisherigen Besitzer, vermöge adquisitiver Verjährung, erworben, gegebene Belehnung, sind bekanntlich die abgeleiteten Erwerb-Arten der Lehen-Herrlichkeit, (modi adquirendi dominium feudale derivativi) und die Anwendung auf unsere teutschen Regenten

und

p) Arg. 2. f. 26. §. 4. — 2. f. 33.

und Privaten wird mir jeder gerne erlassen, da sie sich ohne alle Schwierigkeit von selbst ergiebt. Auch

II. in Hinsicht dieser Erwerbe-Arten, unterscheiden sich Lehen-Herrlichkeit und Lehen-Hoheit. Da letztere einen Theil der bürgerlichen Oberherrschaft im Staate ausmacht, so folgt für sich, daß sie nur auf eben die Art erworben werden könne, als wodurch jemand bürgerlicher Oberherr eines Staates wird. Das natürliche, wie das positive Recht kennt nur eine einzige solche ursprüngliche Erwerb-Art, nämlich den bürgerlichen Vereinigungs- und Unterwerfungs-Vertrag, und wenn uns gleich die Geschichte Beyspiele liefert, daß mehrere mit Gewalt sich zu Ober-Herrn aufgeworfen haben, so lag doch immer stillschweigend der Unterwerfungs-Vertrag zum Grunde, da ein absoluter Zwang einer ganzen Volks-Masse durch die Macht eines einzigen, oder einzelner nicht gedenkbar ist. — Wahl und Succession sind die abgeleiteten Erwerbe-Arten der höchsten Staats-Gewalt. Durch die

Wahl

Wahl des Kaisers wird demselben bürgerliche Oberherrschaft und in demselben Grade die Lehen-Hoheit im Reiche übertragen. Der Geistliche erwirbt durch seine Wahl zum Reichs-Stande, Landes- und mit ihr Lehen-Hoheit, ihr Attribut, und das Glied eines Reichsständischen Hauses, trifft es die Ordnung der Succession, wird Landes-Herr, und dadurch also auch Subjekt der Lehen-Hoheit. Aus allem dem ergiebt sich

§. 9.

Ein IIIter Unterschied zwischen Lehen-Herrlichkeit und Lehen-Hoheit: nämlich der in Hinsicht ihrer Subjekte.

Weder der Lehen-Vertrag, als der ursprüngliche Grund, noch selbst der Investitur-Akt, als die ursprüngliche Erwerbe-Art der Lehenherrlichkeit, sind von der Beschaffenheit, daß sie jemanden, der nur übrigens volle Befugniß zu paciſciren und zu veräußern hat, von der Fähigkeit, Subjekt der Lehen-Herrlichkeit

zu

zu seyn, ausschließen: es zeigt sich jedoch eine Einschränkung, in so ferne es eine natürliche Eigenschaft der Lehen (naturale feudorum) ist, daß auf denselben die Verbindlichkeit zu Kriegsdiensten haftet, folglich Lehen-Herrlichkeit, das Recht, Kriegsdienste zu fodern, in sich begreift, in dieser Hinsicht wird also zur Fähigkeit, Subjekt der Lehen-Herrlichkeit zu seyn, erfodert, daß man das Recht des Kriegs, das Recht der Waffen habe.

In der Anarchie des Mittel-Alters in Teutschland stand jedem Freyen eine Art von Privat-Kriegsrecht zu, er durfte seine befestigten Burgen haben, und es war den Vasallen erlaubt, (ja die damalige Kriegs- und Hofverfassung machte es fast nothwendig) wieder andere Vasallen anzunehmen, damit ihre Lehen-Herrn im vorkommenden Falle auf eine zahlreichere Mannschaft und ansehnlichere Begleitung rechnen konnten. Eine Menge Beyspiele von Lehen, welche Vasallen von niederm Adel andern Vasallen mit der Verbindlichkeit zu

Kriegs-

Kriegsdiensten auf diese Art bestellten, dienen zum Belege davon q). Damals war also noch jeder freye Deutsche der, in Hinsicht der Lehendienste eigentlichen, Lehen-Herrlichkeit fähiges Subjekt. Seitdem aber, zum größten Glücke für Teutschland, jenes Recht des Krieges und der Waffen so sehr eingeschränkt ist, als es Staatszweck und Politik dringend heischen, läßt sich dieses nur allein ausschließend vom Kaiser und den Reichsständen behaupten. Da jedoch Verbindlichkeiten zu Kriegsdiensten keineswegs zum Wesen der Lehen (ad essentiam feudorum) gehört, vielmehr Entrichtung anderer Prästationen und Abgaben, für welche jeder Privat-Eigenthümer seine Sache an andere überlassen kann, vollkommen gültig an ihre

q) Man s. Christ. Ludw. Scheidt vom Adel in mantissa docum. p. 421. 427. Klüber de jure nobilium feuda militaria constituenti (Gött 1786.) Gatzert progr. de jure nobilium meditatorum sub vasallos in servitium militare olim adducendi dominis (Gies. 1781.) Schwartz Pommersche und Rugianische Lehen-Historie, Th. 2. S. 150. ꝛc.

ihre Stelle treten darf, wie dieß auch wirklich sehr häufig geschehen ist, so ist das Recht zu infeudiren allerdings in dem Eigenthums-Rechte begriffen, und die subjektive Fähigkeit zur Lehen-Herrlichkeit, kömmt demnach überhaupt und an und für sich, sowohl Regenten und unmittelbaren als mittelbaren, Bürgern und Bauern, sowohl Geistlichen in Ansehung ihrer Patrimonial-Güter, als weltlichen, sowohl Weibs- als Manns-Personen in gleichem Grade zu r). Allein auf so viele Subjekte der Begriff von Lehen-Herrlichkeit anwendbar ist, auf so wenige ist dagegen Lehen-Hoheit beschränkt. Schon der Begriff derselben bezeichnet ausschließend, den bürgerlichen Oberherrn eines Staats als ihr einzig mögliches Subjekt; denn sie ist der Inbegriff solcher Rechte, die aus der einer (physischen oder moralischen) Person im eignen Namen (dieß zum Unterschiede von der etwa

r) Struv Syntag. jur. feud. c. 5. aphorism. 3. — Vultejus de feudis lib. 1. c. 3. num. 10. Möller distinct. feudal. c. 5. dist. 4. & 9.

etwa Privat-Personen vermöge besonderer Verleihung zustehenden Ausübung der Lehen-Hoheit) zustehenden bürgerlichen Oberherrschaft fließen. Es ergiebt sich hieraus ohne meine Erinnerung von selbst, daß im teutschen Reiche nur allein der Kaiser und diejenigen Reichsstände, welche wirkliche Landesherrn sind, Subjekte der Lehen-Hoheit seyn können. Alle andern sind von dieser Fähigkeit ausgeschlossen: es hätten die Reichs-Ritter, deren Rechte so nahe an Landes-Hoheit gränzen, wären auch sie einzeln oder in corpore, Subjekte der Lehen-Hoheit, keines kaiserlichen Verboths bedurft, daß keine ihrer Kommüne einverleibten Güter andern Reichs-Ständen zu Lehen aufgetragen werden dürfen s).

Ehe ich jedoch weiter gehe, wird es nicht unzweckmäßig seyn, die Frage in etwas zu erörtern. In wiefern sind der Kaiser und diese Reichs-

s) Man s. Mosers Tr. von der teutschen Lehen-Verfassung S. 578. und folg. nebst den daselbst befindlichen Reichs-Hofraths-Concl.

Reichs-Stände Subjekte der Lehen-Herrlichkeit? in wiefern sind sie Subjekte der Lehen-Hoheit?

§. 10.

Man wird sich erinnern, daß ich oben (§. 2.) dem Begriffe von Lehen-Herrlichkeit sowohl das eigentliche Lehen-Herrliche Eigenthum am Lehen, als auch den Inbegriff der damit verbundenen Rechte unterstellte, daß es übrigens gleichviel sey, ob das natürliche Obereigenthum am Lehen, oder ein besonderer Rechts-Grund, vermöge welchem jemanden die Ausübung der mit jenem gesetz- oder vertragsmäßig verbundenen Rechte zusteht, diese Lehen-Herrlichkeit begründe. Da hier der Ort ist, davon Gebrauch zu machen, wird man mir einige nähere Erklärung dessen nicht versagen. Es lassen sich nämlich, wie bey allen Rechten, so auch bey dem Inbegriffe Lehen-Herrlicher Rechte, diese Lehen-Herrlichen Rechte an und für sich, von der eignen Befugniß, diese auszuüben, und zu wahren, unterscheiden. Sind nun die Lehen-Herrlichen Rechte an und vor

sich

sich getrennt, von der eignen Befugniß, sie zu wahren und auszuüben, so tritt der Unterschied zwischen eigentlicher Lehen-Herrlichkeit (dominum feudale in specie) und dem, was man Lehenherrliches Für-Eigenthum (prodominium feudale) nennt, ein. Derjenige, welchem die Lehen-Herrlichen Rechte an und vor sich (quoad substism) zustehen, ist eigentlich wirklicher Lehen-Herr (dominus feudi in specie) und der Inbegriff seiner Rechte, ist eigentlich wirkliche Lehen-Herrlichkeit: derjenige aber, welchem die Ausübung Lehen-Herrlicher Rechte, vermöge eines besondern Titels, in eignem Namen zukömmt, heißt Für-Herr (prodominus), und der Inbegriff seiner Rechte in Ansehung der Ausübung der Lehen-Herrlichen Rechte, wird Lehen-Herrliches Füreigenthum genannt. Eine gleiche Trennung zwischen den Rechten bürgerlicher Ober-Herrschaft an und für sich, und der eignen Befugniß, sie zu wahren und auszuüben, läßt sich wenigstens gedenken. Dieß zum voraus gesetzt, wird der eigentliche Sinn der Frage deutlich seyn: In wieferne sind Kaiser und Reichsstände Subjekte der Lehen-Herrlichkeit und Lehen-Hoheit?

§. 11.

Das Lehen-Herrliche Ober-Eigenthum an den Reichs-Lehen im strengen Verstande, und die damit verbundenen Rechte an und für sich stehen dem gesammten Reiche zu: allein die Ober-Herrschaft des Kaisers ist der Titel, vermöge welchem demselben die Ausübung jener Reichs-Lehen-Herrlichen Rechte, jedoch in eignem Namen zukömmt: in Hinsicht dieser ihm eignen Befugniß zur Ausübung Lehen-Herrlicher Rechte, und nur in sofern ist er Subjekt der Lehen-Herrlichkeit, und wenn wir ihn in dieser Befugniß von dem gesammten Reiche in der Person versammelter Reichs-Stände, durch Reichs-Gesetze, zu deren Existenz seine Beystimmung unumgängliche Bedingung ist, eingeschränkt sehen, so ist dieß auf der einen Seite Folge des Lehen-Herrlichen Ober-Eigenthums an sich, welches auf dem gesammten Reiche haftet, und auf der andern Wirkung der ihm in

ei-

eignen Namen zustehenden (wenn ich mich so ausdrücken darf) executiven Lehen-Herrlichkeit. Wenn dagegen unsere constituirten Reichs-Verweser das Recht haben, zur Zeit des Zwischenreichs gewisse Reichs-Lehen-Herrliche Rechte, Reichs-Gesetz- und Observanz-mäßig, auszuüben, so sind sie selbst doch darum keinesweges Subjekte der Lehen-Herrlichkeit, denn sie sind bloße Mandatarien, die Reichs-Lehen-Herrliche Rechte nicht in eignem Namen, sondern im Namen des Reichs, zu wahren und auszuüben verbunden sind. — Kaum wird es jemand läugnen, daß Teutschland eine Monarchie, der Kaiser Teutschlands Monarch sey. Daraus folgt: daß die bürgerliche Oberherrschaft im Reiche, an und für sich in der Person des Kaisers ruhe. Auch die Ausübung derselben kommt ihm, obgleich nur unter der constitutionellen Concurrenz der Reichsstände, zu. Da nun Lehen-Hoheit mit der bürgerlichen Oberherrschaft, als ein Theil derselben, immer im gleichen Verhältnisse steht, so läßt sich behaupten, daß der Kaiser Subjekt der Lehen-Hoheit im Reiche,

 sowohl

sowohl in Hinsicht ihrer selbst, und an und für sich, als auch ihrer, obgleich beschränkten, Ausübung sey, und in Hinsicht letzterer ist es zu verstehen, wenn ich oben (§. 3.) sagte, daß die kaiserliche Lehen-Hoheit jene sey, welche dem Kaiser und Reiche zustehe. In demselben Verhältnisse, wie dem Kaiser, kömmt den weltlichen Reichs-Fürsten, in Hinsicht ihrer Reichs-Lande, Lehen-Herrlichkeit und Lehen-Hoheit zu, nur sind sie, obgleich dem Kaiser und Reiche untergeordnet, in Hinsicht der Ausübung, im Ganzen beynahe unumschränkte Subjekte derselben; denn bey weitem in den meisten Ländern gieng längst schon die Concurrenz der Land-Stände, durch die verschiedensten politischen Kunstgriffe gelähmt, völlig schlafen.

§. 12.

Daß in den geistlichen Fürstenthümern das Lehen-Herrliche Obereigenthum an sich, auf dem Stifte ruhe, beweisen eine Menge von Urkunden, und die Eigenschaft der geistlichen

Reichs-

Reichs-Lande, als Wahl-Lande. Nur den Heiligen und ihren Kirchen trug der fromme Glaube seine Güter zu Lehen auf, nur jene beschenkte die Freygebigkeit der Könige und Kaiser so reichlich mit Gütern, durch die sich ihre Vorsteher nachmals theils aus Noth, theils aus Pracht-Liebe, ein so glänzendes Gefolge von Vasallen verschafften. Die Ausübung der mit jenem Ober-Eigenthume verbundenen Lehen-Herrlichen Rechte aber kommt den geistlichen Fürsten in eignem Namen zu. Sätze, die wohl keines Beweises bedürfen. Streitiger ist's, ob die Landes-Hoheit in diesen Geistlichen Reichs-Landen, an und für sich, der Person des Regenten, oder auch dem Stifte selbst zukomme? Ohne mich hier auf diesen Streit einzulassen, der nicht zu meinem Zwecke gehört, stimme ich der erstern Meynung bey, und behaupte demnach, daß der geistliche Fürst in seinem Reichs-Lande, Subjekt der Lehen-Hoheit sowohl an sich, als in Hinsicht ihrer Ausübung sey. Gewöhnlich aber maßen sich die Domkapitel, als in Vereinigung mit ihren

Bischöfen die Stifter repräsendirende Personen, und somit zugleich mit ihnen vorgebliche Subjekte des Lehen-Herrlichen Ober-Eigenthums sowohl, als der Landes-Hoheit, in der Ausübung beyder ein Recht zur Concurrenz und Beschränkung an, welches sie sich nur zu oft durch Wahl-Kapitulationen geltend zu machen wissen. Die Idee von Erb-Grund-Herrschaft, Mit-Eigenthum, Mit-Belehnung, sind meistens Grund und Stütze dieses Verfahrens. Allein so überzeugend längst schon vorzüglich Ikstadt t) und Westphal u) nebst andern den Irrthum und das Grundlose jener Ideen dargethan hatten, so mußte doch namentlich das Domkapitel in Speyer durch ein Reichs-Gerichtliches Erkenntniß gezwungen werden, diesen

t) in s. Vindiciis territorialis potestatis adversus Capitulationum, compactatorum & litterarum reversalium abusus in J. G. principatibus passim inolescentes, (Monachii & Ingolstadii 1759.)

u) Abhandl. von der angemaßten Grund-Herrschaft der Kapitel §. 10. in seinem Staats-Rechte S. 518.

sen Irrthum zu bekennen: denn nachdem dasselbe auf ein Reichs-Hofraths-Conclusum vom 28sten August 1781. (worinn unter andern dem Kapitel verbothen wird, aus dem in allen Betracht ungegründeten, somit gänzlich verwerflichen Principio einer Erb- u. Grund-Herrschaft, und kraft solcher sich zur Ungebühr angemaßten plenitudine potestatis, während der Sedisvacanz landesherrliche Verordnungen abzuändern, es sey dann, Umstände machten eine jahlinge provisorische Vorsehung bis zur Wahl eines neuen Regenten unumgänglich nothwendig rc. rc.) in seiner Partions-Anzeige erklärt hatte:

„Das Kapitel vertritt in Vereinigung mit „seinem Bischofe dasjenige Subjekt, bey wel„chem die an die Stifter ursprünglich abge„gebenen Gerechtigkeiten, Vorzüge und Re„galien ihren Sitz haben, jedoch dergestalten, „daß die Thätigkeit oder Ausübung davon dem „Bischofe allein zustehe, und selbe das Dom„kapitel nur nach dessen Ableben, oder bey „einer andern langwierigen Hinderniß auf eine

„ Zeitlang und zwar von daher zu unterneh-
„ men habe, weil die Natur der Sache, nicht
„ zwar wesentlich, jedoch gewöhnlichermaßen,
„ den Gebrauch des Rechts mit dem Rechte
„ selbst, in eben jenem Subjekte verbindet,
„ wo das Recht haftet. „

Ferner:

„ Grund und Eigenthumsherrschaft im gesetz-
„ widrigen Verstande ist die, welche an der
„ thätigen und den F. Bischöfen allein eignen
„ Landes-Hoheit Theil nimmt, oder eine solche,
„ die nicht lediglich den Veräußerungen und an-
„ dern gefährlichen Grundveränderungen des
„ Landes vorbeugt, sondern über diese Grän-
„ zen auf eine zügellose Art ausschweift. „

Und an einem andern Orte:

„ Das Domkapitel wird die allerhöchste Er-
„ klärung; der gebohrne Senat sey ein unge-
„ gründetes Principium, zur unverbrüchlichen
„ Maasregel nehmen, bey alltäglichen und so
„ weit unwichtigen Hochstifts-Sachen, daß
„ weder die gemeinen Gesetze, weder die be-
„ sondere Verfassung des fürstlichen Hochstifts
„ Speyer

„ Speyer hiezu die domkapitularische Bera-
„ thung und Einwilligung erfodert habe. Je-
„ doch denkt es zugleich der allerhöchsten Wil-
„ lens-Meynung Euer Kaiserl. Majestät ganz
„ gemäß zu handeln, wenn dasselbe künftighin
„ die ihm zustehenden Senats-Befugnisse, nur
„ für jene Fälle behaupten und wahren wird,
„ wo entweder die kanonischen Kirchengesetze,
„ oder ein besonderes Hochstifts-Herkommen
„ und unangefochtene Compactata, oder der
„ offene kündig werdende, allenfalls auch nur
„ höchst wahrscheinliche Fehlgang eines zeitli-
„ chen Bischofs, des Domkapitels Beyrath,
„ seine Einwilligung, oder erhebliche Erinne-
„ rung nothwendig machen. „

Bezeugte der Reichs-Hofrath seine Unzufriedenheit mit dieser schwankenden Erklärung in einem Conclusum vom 29ten August 1786 mit folgenden Worten:

„ Mit Verwerfung der abermaligen unzu-
„ länglichen Paritions-Anzeige, und des über-
„ flüßigen Declarations-Gesuchs detur dem
„ impetrantischen Domkapitel in Ansehung der

„ von

„ von Kaiserl. Majestät zur unabweichlichen „ Richtschnur festgesetzten Gränzen der domka„ pitlischen potestatis administratoriæ sede va„ cante, und des untersagten gänzlichen „ Gebrauchs der Ausdrücke, gebohrner „ Senat auch Erb= und Grundherrschaft, „ ex officio terminus duorum mensium &c. „ x)

Fällt der Begriff von Miteigenthum und Grundherrschaft der Domkapitel hinweg, so bleibt für die Gültigkeit ihrer Wahlkapitulationen kein ander rechtlicher Grund übrig, als das Recht der Land=Standschaft, welches jenen, entweder nebst andern, oder allein, im Namen der übrigen, zukommt. Als Landstände sind sie nun freylich befugt, sich durch Wahlverträge ihre rechtmäßig erworbenen Rechte und Freyheiten bestättigen zu lassen, sich und ihre Mitunterthanen gegen die etwa möglichen Mißbräuche der Regierung in Schutz zu nehmen. Allein Teuschlands Fürsten sind keine

Sou=

---

x) In Hrn. Hofrath Schlözer Staats=Anzeigen IX. 35. S. 320.

Souveraine, denen die Nationen bey ihrer Einsetzung Bedingungen machen können, welche sie wollen: in den teutschen Staaten erhalten die Regenten ihre Regierungs-Rechte von einer höhern Macht, die sich an denselben das Obereigenthum und die aus demselben entspringenden Rechte vorbehält. So wenig aber jemand, dem das nutznießliche Eigenthum einer Sache zusteht, mit derselben etwas zum Nachtheile des Obereigenthümers vornehmen darf, eben so wenig können die teutschen Fürsten zum Nachtheile des Reichs ihre Regalien schmälern lassen: liefen nun die Rechte, welche sich die Unterthanen bey der Wahl ausbedängen, über jene Gränzen hinweg, auf eine wirkliche Schmälerung der Landes-Hoheit hinaus, so folgt von selbst, daß dergleichen zum Nachtheile des Reichs eingegangene Wahlverträge ohne dessen Bestättigung von keiner Gültigkeit seyn müssen. Selbst die Päbste zernichteten ehemals sehr häufig dergleichen unstatthafte Wahlverträge. Mit Uebergehung einer Menge Belegen hierüber, will ich nur der einzigen Streitigkeit zwischen den

Bi-

Bischof Johann Gottfried von Guttenberg und dem Kapitel, erwähnen: Derselbe hielt die ihm vorgeschriebenen Kapitulationspunkte für unverbindlich, und klagte sie als solche am päbstlichen Hofe an, der auch die Sache in Untersuchung zog. Während derselben liefen eine Menge Bittschriften für das Würzburgische Domkapitel von den Mainzischen, Trierischen, Salzburgischen, Hildesheimischen und Kostnitzischen Domkapiteln ein y). Aller dieser Vorstellungen aber ungeachtet, erschien die, Wahlkapitulationen so äusserst fatale, Bulle Innocenz XII z), in welcher die über ähnliche Vorfälle ausgegangenen Verordnungen Nikolaus III, Pius V, Gregors XIII erneuert wurden. Mit dieser päbstlichen Bulle stimmt, was die Weltlichkeiten betrifft, K. Leopolds Resolution an den päbstlichen

---

y) Vid. deduct. factum & jus juramenti episcopalis nro. 15. In Lünig select. script. illustr. p. 563. seq.

z) Dasselbe nro. 18. — Fabers Staats-Kanzley Th. 2.

lichen Nuntius a), und das an den Bischof erlassene Rescript genau überein b). Nicht weniger merkwürdig sind die Streitigkeiten Erzbischof Johann Ernsts von Salzburg und Bischofs Friedrich Karls von Bamberg, mit ihren Domkapiteln; desgleichen die in der Eichstädtischen c), und neuern Salzburgischen und schon angezogenen Speyerischen d) Streitigkeiten ergangenen Reichs-Hofraths-Verfügungen. Jedoch auch ohnedieß würde es schon aus den vorher aufgestellten Grundsätzen folgen, daß es offenbar widerrechtliche Eingriffe seyn, wenn Domkapitel durch Wahlkapitulationen ihre Fürst-Bischöfe in Ausübung lehenherrlicher Rechte beschränken, oder alle negotia, sowohl politica, militaria, als oeconomica an

a) Factum & jus juram nro. 16.

b) de Ikstadt opusc. T. 2. p. 493. u. Reinhart ad Christianeum obs. 14.

c) Man s. Mosers persönliches Staats-Recht Th. 1. S. 114.

d) Man s. Horath Schlözers Staats-Anzeigen, B. 3. Hft. 10. B. 6. Heft 22.

an ihren Consens gebunden wissen wollen, wenn vollends gar dem Kapitulations - Kunstworte „ res arduae „ die Auslegung angehängt ist „ res „ arduae sunt & intelliguntur negotia ea, res- „ que omnes quovis nomine excogitandae, quae „ juxta sui proprietatem & naturam Episcopa- „ tui prodesse, obesse, praejudicio & periculo „ esse, vel capitulo cathedrali praejudicare pos- „ sunt. „ (Es bliebe also nichts übrig, woran nicht der Fürst-Bischof das Kapitel Theil nehmen lassen müßte. e) So wenig die Fürst-Bischöfe sich zu dergleichen Eingriffe in ihre Landes-Hoheit gültig verbinden können, so deutlich erhellt die Nichtigkeit der Beschränkungen ersterer Art aus dem schon mehrmals angeführten Reichs - Hofrath Concl. contra das Domkapitel zu Speyer, wo es ad art. 20 heißt: „ Wird auch dieser Artikel, in sofern er die „ Einziehung der Hochstiftischen Feudorum infeudari

e) Posse über Grundherrschaft und Wahlkapitulationen der teutschen Dom - Kapitel, (Hanover 1787.) S. 102.

„ feudali solitorum betrifft, hiemit aufgehoben,
„ und des Herrn Bischofen Landes- und Le-
„ henherrlicher Willkühr lediglich überlassen,
„ derley Lehen wieder zu verleihen. „ f)

Dieß vorausgeschickt, läßt sich mit Zuverlässigkeit der Schluß machen, daß die geistlichen Reichsfürsten, zwar dem Kaiser und Reich untergeordnete, übrigens in der Regel aber unbeschränkte Subjekte, sowohl des Lehenherrlichen Für-Eigenthums, als der Lehen-Hoheit in Hinsicht ihrer geistlichen Reichs-Lande seyen. Nur allein gültiges und ächt interpretirtes Kirchen-Recht, und rechtmäßig erworbene Land-Ständische Gerechtsame können, ausnahmsweise, einige Beschränkung hierinn begründen.

§. 13.

Es ist ein eben so großer, als beynahe gewöhnlicher Irrthum, daß man die Reichsstädtischen Magistrate für die eigentlichen Subjekte der

f) Man vergleiche das Reichs-Hofraths-Conclus. wegen Eichstedt ad art. 5.

der Reichsstädtischen Hoheit hält, woraus nothwendig aber eben so irrig folgen müßte, daß jene die Subjekte Reichsstädtischer Lehen-Herrlichkeit und Lehen-Hoheit wären. Allein weder die Concessions-Urkunden, noch der Westphälische Friede Art. 8. §. 4. u. a. lauten auf den Magistrat, oder auf die Bürgerschaft allein, sondern auf beyde zugleich, das heißt auf die Städtische Kommüne. Der Stadt also, nicht dem Magistrate in derselben, kömmt in den Reichs-Städten die Hoheit an und für sich zu: derselbe ist nur das, von der Stadt urspünglich ernannte und erwählte Corps von Männern, um die Landes-Hoheits- und andere damit verbundenen Gerechtsame, Namens derselben, auszuüben. Es stimmt auch damit ganz der am Kaiserlichen Hofe angenommene, und in einem Reichshofräthlichen an den Magistrat in Frankfurt im Jahre 1746 erlassenen Rescripte, geäußerte Grundsatz, überein. „Ihro Kaiserliche „Majestät, heißt es darinnen, würden zwar „Frankfurt bey seiner superioritate territoriali „schützen, befehlen hingegen dem Magistrate,

„sich

„ sich den Ständen des Reichs nicht gleich zu
„ achten, sondern wie er in der That nichts
„ anders ist, als ein Collegium solcher Män-
„ ner, die auctoritate caesarea von der Bür-
„ gerschaft erwählt worden, nicht jure proprio
„ zu regieren, sondern als bestellte Administra-
„ tores dem gemeinen Wesen vorzustehen rc. „ g)
Da nun das Lehenherrliche Obereigenthum, der von Reichsstädten relevirenden Lehen sowohl, als auch derselben Landes-Hoheit, auf den Reichsstädtischen Kommünen selbst beruht, so folgt, daß dieselben die eigentlichen Subjekte der Reichsstädtischen Lehen-Herrlichkeit, und der in der Landes-Hoheit enthaltenen Lehen-Hoheit seyen. Ihren Magistraten kömmt als solchen, nicht einmal Lehenherrliches Füreigenthum zu, da sie die Lehenherrlichen Rechte ihrer Städte nicht in eigenem Namen ausüben, sie sind bloße Administratores, welche Namens ihrer sie constituirenden Gemeinden, die diesen zustehenden Gerechtsame wahren, und daher, so wie in jeder

 an-

g) Man s. Mayers weltl. Staatsr. Band 3. S. 49.

andern, also auch in Hinsicht der von ihnen auszuübenden Lehen-Herrlichkeit und Lehen-Hoheit, nach den gemeingültigen Rechts-Principien von Administrationen zu beurtheilen, als wodurch die Norm und Gränze ihrer Gewalt bezeichnet wird.

§. 14.

Lehen-Herrlichkeit und Lehen-Hoheit äußern sich zwar an Objekten einer und derselben Gattung. Beyde haben **Lehen** zum Gegenstande. Allein auch zum voraus gesetzt, daß beyde in einem Subjekte zusammen treffen, so ist doch der Wirkungskreis der einen wie der andern, in Hinsicht ihres objektiven Umfangs, keinesweges derselbe: die Rechte des Lehen-Herrn überhaupt erstrecken sich gleichweit über das einzelne, und alle diejenigen Lehen, deren Obereigenthum, oder doch wenigstens Lehenherrliches Füreigenthum bey demselben ruht; denn alle sind ursprünglich durch denselben Vertrag gegen ihn verpflichtet, wodurch ihr wechselseitiges Lehenverhältniß, und die darauf begründeten Lehenherrlichen Rechte erzeugt wurden;

und

und es kommt gar nicht darauf an, in wessen Bezirke, unter wessen Hoheit immer diese Lehen liegen, oder ob seine Vasallen unmittelbare oder mittelbare Personen, selbst Souverains, freye Staaten, Reichs-Stände, oder Unterthanen sind. Haben irgend solche einmal Güter, Gerechtsame, oder was sonst immer, unter der Lehen-Verbindlichkeit von ihm übernommen, so sind diese alle ohne Ausnahme sie zu leisten, verbunden, und ihm steht über sie diejenige volle Befugniß zu, wozu ihn die besondern Verträge, oder gemeinen Lehen-Rechte authorisiren. Allein die Rechte dieses Subjekts, in dem sich die Lehen-Herrlichkeit und Lehen-Hoheit vereinigen, als Subjekt der Letztern, sind durch die objektiven Gränzen seiner bürgerlichen Oberherrschaft beschränkt. Da seine Lehen-Hoheit nur durch diese und mit dieser möglich ist, mithin an und für sich mit dieser ein und dasselbe Rechts-Subjekt ausmacht, so ists natürlich, daß die objektiven Gränzen seiner bürgerlichen Oberherrschaft, als des Ganzen, zugleich die objektiven Gränzen seiner Lehen-Hoheit, als des in jener enthaltenen, ausmachen, wenn gleich seine Lehen-Herrlichkeit sich weit über diese Gränzen hinweg erstreckt. So beschränkter jedoch, im Verhältnisse zu seiner Lehen-Herrlichkeit, der objektive Umfang des Wirkungskreises seiner Lehen-Hoheit ist, so ungleich größer ist die innere objektive Ausdehnung der Letztern. Denn als Lehen-Herr wirkt er offenbar nur auf diejenigen Lehen, die unmittelbar oder mittelbar (mittelst des Staats nämlich, dessen Fürherr er ist) durch ihn Lehen sind: aber als Subjekt der Lehen-Hoheit wirkt er auf alle, in dem Bezirke seiner bürgerlichen Oberherrschaft sich befindenden Lehen, ohne Unterschied, ob sie mittel- oder unmittelbar, durch und bey ihm, oder durch und bey was immer für Gliedern seines Staates sie existiren: denn bey allen diesen tritt derselbe Grund dieser Wirkung ein, alle sind im gleichen Grade seiner Oberherrschaft unterworfen, alle sind Gegenstände, an denen sich diese äußern kann und soll, das heißt alle sind Objekte seiner Lehen-Hoheit, sie mögen übrigens zu seiner Lehen-Herrlichkeit im Verhälthältnisse stehen oder nicht. In soferne unterscheidet sich also Lehen-Herrlichkeit und Lehen-Hoheit auch

IV. in Hinsicht ihrer Objekte.

Lehen überhaupt sind zwar beyder Objekte, nur ist in den bestimmten Lehen ein Unterschied zu machen; nämlich der Herr eines Staates wirkt, als Lehen-Herr, auf alle öffentliche Landesaktiv-Lehen, d. h. deren Obereigenthum mittel- oder unmittelbar bey ihm ruht, gleichviel übrigens, ob diese in dem Bezirke seines Staates liegen (feuda intra vel extra curtem sind) oder nicht: aber als Landesherr wirkt er zwar nur auf diejenigen Lehen, die innerhalb den Gränzen seines Staates liegen (feuda intra curtem sind) jedoch nicht nur auf alle solche, welche Landesaktiv-Lehen sind, sondern auch auf alle Landespassiv- (welche der Staat von andern zu Lehen trägt) und Privat-Lehen, also auf alles, was immer innerhalb der objektiven Gränzen seiner bürgerlichen Oberherrschaft im Lehen-Verhältnisse sich befindet. Der Beweis dieses Unterschiedes liegt zur Genüge in den

 oben

oben angeführten; und den Sinn desselben hoffe ich in concreto noch anschaulicher zu machen. Nicht nur alle einzelnen Glieder des teutschen Staats-Körpers sind durch das Lehenband zusammen gekettet, sondern derselbe hatte wenigstens vormals auch außerhalb seinen Gränzen, z. B. in Frankreich und Italien, viele und beträchtliche Aktiv-Lehen: der Kaiser übte die Reichslehen-Herrlichen-Rechte, so gut über das letztere, wie über das erstere aus: allein da die Gränzen des teutschen Reichs, zugleich Gränzen seiner bürgerlichen Oberherrschaft sind, so konnte sich natürlicher Weise seine Lehen-Hoheit nicht auf jene auswärtigen Reichsaktiv-Lehen erstrecken. Dagegen sind aber nicht nur alle im Reichs-Gebiethe selbst gelegnen Reichsaktiv-, sondern auch alle Reichspassiv-, und selbst die zwischen Reichs-unmittelbaren unter sich vorhandenen, Lehen, Gegenstände seiner Lehen-Hoheit. Auf gleiche Weise verhält sichs mit den einzelnen teutschen Territorien, deren viele, ja beynahe alle auswärtige Aktiv-Lehen haben. Häufig geschah es ehedem, daß der

Kai-

Kaiser jemanden über gewisse Güter das Lehenbare Obereigenthum, und einem andern die Hoheit und Regalien darüber verlieh, was wohl selbst heut zu Tage wenigstens möglich wäre: oft sind, dergleichen auswärtige Landes-aktiv-Lehen, Afterlehen, entweder von der Art, daß der bisherige Lehen-Herr einen dritten mit dem Lehenherrlichen Eigenthume belieh, oder daß dasselbe vom Lehen-Herrn, oder die Lehen von Vasallen einem dritten zu Lehen aufgetragen wurden, wie dieß bey vielen Böhmischen Lehen in Sachsen und anderswo geschah; oft kann ihr Entstehungsgrund in der Verjährung, oder in besondern Verträgen liegen, wodurch ein Landesherr die Lehenherrschaft, über die in seinem Lande befindlichen Güter einem dritten überließ; und endlich rührt der Ursprung vieler solcher Lehen, von den ehemals in Teutschland so sehr häufigen Aufträgen der Allode zu Lehen her, wozu man vorzüglich durch übertriebene Andacht gegen auswärts gelegene Kirchen, oder durch Bedürfniß des Schutzes eines mächtigern, bewogen wurde h). So hat Wirzburg gleichviel auf was immer für eine Art entstandene Aktiv-Lehen, in Sachsen, Bayern, Hessen, Schwaben, Bayreuth, Bamberg, im Schwarzenbergischen, Hohenlohischen, Wertheimischen, in Nürnberg, Schweinfurt, Rothenburg und mehreren andern Territorien, und der Fürst übt über alle diese eben so gut seine Lehenherrlichen Rechte aus, wie über alle die bey seine Stiftern, Klöstern, Städten, Gerichten, Hospitälern und Zünften sich befindenden Lehen. Brandenburg hält in Ansehung seiner in Oesterreich habenden Lehen beständig einen Lehen-Probsten in den Oesterreichischen Landen i). Salzbug hat zu Wien, Gräz und Klagenfurt eigene Lehen-Commissarien, wodurch es seine Lehenherrlichen Rechte über seine dorthaben-

h) Man s. v. Buri Erläuterung des Lehen-Rechts S. 624., und Griebner de dominio directo in alieno territorio §. 3. in Jenichens thesaur. jur. feudal. tom. 2. p. 194. 214.

i) Mosers Tr. von der teutschen Lehen-Verfassung S. 261.

hebenden Lehen wahren läßt k). Freysingen hält eigene Lehen-Pröbste in Crain zu Lauth, in Steyermark zu Rothenfels, in Tyrol zu Inchig, und in Oesterreich wegen aller seiner Lehen, in den Oesterreichischen Erblanden, einen ordentlichen Lehenhof zu Waydhofen an der Yebbs l). So faktisch gewiß es ist, daß sich die Lehen-Herrlichkeit aller dieser Landesherrn, über alle diese auswärtigen Aktiv-Lehen erstrecke, so gewiß ist es, daß die Lehen-Hoheit über dieselbe Lehen nur denjenigen Landesherrn, auf deren Gebiethen sie liegen, zustehe. Dagegen aber kömmt zum Beyspiele dem Fürsten von Wirzburg über alle diejenigen Lehen, die sich in den Gränzen seines Territoriums befinden, diese mögen nun von ihm selbst releviren, oder zwischen seinen Landsäßigen physischen oder juristischen Personen unter sich, existiren, oder er mag sie von andern Reichs-Ständen (in deren Hinsicht sie auswärtige Aktiv-Lehen sind) re-

k) Lunigs corp. jur. feud. tom. 1. p. 1502.

l) Lunigs corp. jur. Sax. tom. 3. p. 197.

recognosciren, ohne Unterschied volle Lehen-Hoheit zu. Dasselbe Verhältniß tritt bey allen andern teutschen Landesherrn, die Lehen nehmen und geben, ein.

Die Verschiedenheit der Objekte der Lehen-Herrlichkeit und Lehen-Hoheit wird also durch das verschiedene Verhältniß, in welchem sie zu den Subjekten derselben, als Lehen-Herrn oder als Landesherrn, betrachtet werden, näher bestimmt.

§. 15.

Hätten die bisher entwickelten Differenzen beyder Rechts-Subjekte auch nicht an und für sich, ein so entschiedenes, sowohl theoretisches als praktisches Interesse, welches dem Sachkündigen kaum entgehen kann, so würden sie doch schon als unendbehrliche Grundlage eines fernern vorzüglichen Unterschieds zwischen Lehen-Herrlichkeit und Lehen-Hoheit, von größter Wichtigkeit, und nothwendig vorauszuschicken gewesen seyn. Beyde nämlich unterscheiden sich besonders.

V.

V. in Hinsicht der darinn begriffenen Rechte.

Es ist eine Folge bisher vorgetragener Grundsätze, daß der Lehen-Herrlichkeit die besondere Vasallen-Pflicht, der Lehen-Hoheit aber allgemeine Unterthanen-Pflicht entspreche. So verschieden der Charakter beyder Pflicht-Arten unter sich ist, so unterscheiden sich die denselben gegenüberstehenden Rechte.

Die Rechte des Lehen-Herrn als solchen, liegen theils in der Natur des Lehen-Instituts, theils sind sie durch positive Lehen-Gesetze bestimmt, und durch besondere Verträge modificirt, in sofern eine Modifikation positiver Gesetze durch Privat-Verträge überhaupt zuläßig ist. Sie sind bekannt genug, und finden sich in jedem Lehrbuche der Lehenrechts-Gelehrtheit genauer erörtert. Daher sey es mir nur vergönnt, dieselben, vorzüglich um des Kontrastus willen, bloß den Namen nach aufzuzählen. Sie beziehen sich theils auf das Lehen selbst, theils auf die Person des Besitzers, auf den Vasallen.

Er-

Erstere sind:

A) Das Obereigenthum im strengern Sinne, oder das Eigenthum an der Substanz des Lehens.

B) Das darinn begründete Heimfalls-(Consolidations-) Recht in Eröffnungsfällen, wodurch das dem Vasallen verliehene Nutzeigenthum mit dem Obereigenthume wieder vereinigt wird.

C) Das Recht Anwartschaften auf das Lehen zu verleihen.

D) Das Einwilligungsrecht bey Veräußerungen, Verpfändungen, oder sonstigen Beschwerungen des Lehens.

E) Das Vorkaufs- oder Näherrecht (jus protimiseos.)

F) Das Einstands- oder Abtriebsrecht, die Wiederlösung (jus retractus).

G) Das Recht zu Lehens-Visitationen, bey vorkommenden Deteriorationen derselben. (Die Schwierigkeit und die daraus entstandene Seltenheit des Gebrauchs dieses Rechts mag wohl die Ursache seyn, warum

des-

desselben fast nirgends Erwähnung geschieht. Daß es aber ein in der Lehen-Herrlichkeit wirklich begriffenes Recht, und wie wichtig dasselbe sey, ist in einer eigenen Abhandlung von Friedrich August Huch vollkommen dargethan: sie ist abgedruckt in Jeperniks Miscellaneen zum Lehenrechte, Band 4. S. 250. und folg.)

Letztere sind:

A) Das Recht auf Treue, Ehrerbietigkeit und Gehorsam des Vasallen.

B) Das Recht auf die bedungenen Lehen-Dienste oder Abgaben.

C) Das Recht auf die Lehen-Waare (laudemium.)

D) (Die Gerichtsbarkeit über den Vasallen als solchen) (man vergleiche jedoch den §. 18.)

E) Das Recht zur Vormundschaft über den unmündigen oder minderjährigen Vasallen.

F) Das Lehen-Erneurungs- oder Belehrungsrecht (jus investiendi.)

Die

Die Summe dieser Rechte ist es, welche man im allgemeinen unter der Lehen-Herrlichkeit begreift, und die jedem Lehen-Herrn über seine Vasallen, also Reichs-Ständen sowohl als Privatpersonen, und nicht nur einem Landsaßen über einen Landsassen, sondern auch über einen Reichs-Stand (wie dieß bey Domstiftern und landsäßigen Prälaten häufig der Fall ist) ja selbst über seinen eignen Landesregenten, insofern dieser sein Vasall ist, zusteht.

§. 16.

Von ganz verschiedener Art sind die rechtlichen Aeußerungen der Lehen-Hoheit. Da diese vermöge ihres Begriffes einen Theil bürgerlicher Oberherrschaft ausmacht, so müssen nothwendig die Grundsätze des allgemeinen sowohl als positiven teutschen Staats-Rechts bey Bestimmung der darinn enthaltenen Rechte, uns zur Norm dienen, und demnach die Anwendung der einzelnen Rechte der Staats-Gewalt auf (die im §. 14. bestimmten Arten, und nur von solchen ist überhaupt hier die Rede der) Lehen,

hen, zur Erkenntniß der Lehen-Hoheitlichen Gerechtsame führen.

In allen denjenigen Fällen, in welchen durch Lehen-Verbindung erzeugte persönliche oder dingliche Rechts-Verhältnisse mit der Erreichung des absoluten Staatszwecks wirklich collidiren, tritt diejenige Ausdehnung der höchsten Staatsgewalt ein, vermöge deren sie Rechte, wegen der Nothwendigkeit, den absoluten Staatszweck zu erhalten, beschränken und gänzlich aufheben kann. Alle und jede veräußerlichen Rechte der Staatsbürger mithin auch ihre Lehen-Rechte, sind dieser Machtvollkommenheit unterworfen, ein Axiom, das nothwendig aus dem Begriffe eines Staates fließt: und dieß äußerste Recht der bürgerlichen Oberherrschaft über Lehen (jus s. potestas s. imperium eminens circa feuda) ist als solches ein Recht der Lehen-Hoheit. Dasselbe ist in der Lehen-Hoheit des Kaisers, wie in jener der Landesherrn enthalten. Nur ist in Erkennung über die Wirklichkeit der dahin gehörenden Collisions-Fälle im Reiche, der Kaiser, vermöge der teutschen Staats-Verfassung, an die Zuziehung der Reichs-Stände, in einem einzelnen Reichslande aber der Landesherr nur da, wo es die Land-Stände besonders hergebracht haben, an die Zuziehung derselben gebunden. Säcularisationen, wenn dieselben anders im positiven teutschen Staats-Rechte begründete Erscheinungen seyn können, sind unstreitig Wirkungen dieses Rechts Kaiserlicher Lehen-Hoheit, nur versteht es sich, daß dergleichen Kränkungen der Rechte gewisser Reichs-Individuen, nur unter der nothwendigen Voraussetzung einer wirklichen Collision der Existenz dieser Rechte mit dem absoluten Staatszwecke m), und nur mit Zuziehung der Reichs-Stände vom Kaiser unternommen werden können. Einziehung der Güter, mit denen Landsäßige Stifter, Klöster und andere Kommunen oder ein-

m) Da nur allein unter dieser Voraussetzung Säcularisationen gerechte Aeußerungen der Lehen-Hoheit sind, so folgt von selbst, daß sogenannte Entschädigungen schlechterdings keine hinreichende Gründe zu denselben abgeben können.

einzelne Personen von ihren Landesherrn belehnt sind, sind eben solche Aeußerungen, landesherrlicher Lehen-Hoheit, zu denen Landesherrn unter der Voraussetzung des absoluten Staatsbedürfnisses berechtigt, bey denen sie aber nur unter der oben bemerkten Bedingung durch die Einwilligung ihrer Land-Stände beschränkt sind.

Dieses äusserste Recht auf die aufsehende Gewalt angewendet, heißt das Recht der Oberaufsicht: und die bestimmte Ausübung dieses Rechts auf eine bestimmte Klasse von Gegenständen, nämlich auf die Lehen im Staate (jus supremae inspectionis circa feuda) ist, als solche ein Recht der Lehen-Hoheit. Die Oberaufsicht über alle im Staate sich befindenden Lehen, als Theile des Ganzen, ist ein nothwendiges Mittel zur Erreichung des Staatszwecks, das Recht dazu liegt also stillschweigend in der Bestimmung der höchsten Staatsgewalt, dasselbe ist eine größtentheils präparatorische Gewalt, vermöge welcher das Subjekt der Lehen-Hoheit berechtigt und verpflichtet ist, den Zustand der

Lehen und ihrer Besitzer, in sofern als es der Staatszweck erfodert, auszuforschen, um danach die zu machenden Gesetze einzurichten, die schon getroffenenen Verordnungen zum Vollzuge zu bringen, und überhaupt alles das zu verhindern und zu entfernen, was dem Staatszwecke gefährlich seyn oder werden könnte. In dieser Hinsicht wird es also, zum Beyspiele dessen vorzügliches Geschäfte seyn, darüber zu wachen, daß nicht die Macht einzelner Staatsbürger, durch allzuhäufige Lehen-Verbindung, zu einer dem Staate und seiner Verfassung, nachtheiligen Größe anwachse, und so die traurige Anarchie des Mittelalters zurückkehre: daß nie, oder wenigstens nicht ohne seine Einwilligung, Staatsbürger ihre Güter auswärtigen Staaten oder ihren Oberherrn, zu Lehen auftragen. Man sah einen solchen Lehen-Auftrag der Güter an einen fremden Landesherrn von Seiten der Unterthanen, ehemals gar nicht als etwas der Hoheit der Landesherrn nachtheiliges an: ein schwacher Herr vergönnte denselben gern, daß sie sich um den Schutz eines mächtigern

gern bewarben, man wollte der Andacht seiner Unterthanen und dem besondern Vertrauen derselben auf diesen oder jenen Heiligen, zu dessen Ehre eine auswärts gelegene Kirche gestiftet war, nicht im Wege stehen; man konnte und wollte in den damaligen Zeiten die Freyheit der Unterthanen hierinn nicht beschränken, oder man kannte die Unbequemlichkeiten nicht, welche Schutz und Lehen-Herrlichkeit eines fremden Herrn im Lande gewöhnlich nach sich zieht. Seitdem man aber durch Erfahrung diese kennen lernte, seitdem die Landes-Hoheit der Stände zu solcher Reife gedieh, daß sie bey der Lehen-Verbindung ihrer Unterthanen mit einem fremden Lehenherrn nothwendig interessirt sind, seitdem diese sogar denselben durch Reichs-Gesetze n) untersagt ist, seitdem wird wohl kein Zweifel mehr über dieses Recht der Lehen-Hoheit statt finden können. Wo jedoch einmal der-

n) Namentlich durch die Gold. B. Tit. 16. den Landfrieden von 1548. §. 1. den Religionsfrieden von 1555. §. 23. den Westphäl. Frieden Art. 5. §. 30.

gleichen Verbindungen wirklich sind, da hat dieselbe vermöge der Oberaufsicht das Recht, vorzüglich darüber zu wachen, daß nicht von diesen auswärtigen Lehenherrn, bey Ausübung ihrer Lehenherrlichen Rechte, und unter dem Scheine derselben, Eingriffe in ihre Rechte überhaupt geschehen; sie hat ferner das Recht dahin zu sehen, daß von den Vasallen, die mit der Ausübung einiger Hoheits-Rechte etwa belehnt sind, davon nicht nur kein schiefer und schädlicher, sondern auch kein über die Gränzen der Verleihung ausgedehnter Gebrauch gemacht werde. Ihr kommt es in dieser doppelten Hinsicht zu, nicht nur Lehen-Visitationen zu diesem Zwecke anzuordnen, sondern auch öffentliche Beamte zu bestellen, die als sogenannte Lehen-Fiskale oder Reservatenvögte, Namens ihrer, diese ihre Rechte zu wahren verpflichtet sind. Und so ist sie überhaupt zu allem demjenigen befugt, was in dem Rechte der Oberaufsicht über Lehen, als Theile des Ganzen, als einem nothwendigen Mittel zu Erreichung des Staatszwecks, nothwendig, und dem Zwecke gemäß enthalten ist.

So

So wie die Oberaufsehende Gewalt der Reichs-Souverainität über das Ganze überhaupt höchst unbedeutend und eingeschränkt ist, eben so ist es die darinn enthaltene Oberaufsicht über die Reichs-Lehen. Sie sollte zwar vom Kaiser über alle diese vollkommen ausgeübt werden können; allein die Landesherrn, ihre Besitzer, sind zu mächtig, und würden jede solche Handlung, als einen Eingriff in ihre Rechte, betrachten: es sprechen ja selbst die Reichs-Gesetze immer mehr zum Vortheile der Landesherrn als des Kaisers. Der Reichsgerichte Wirksamkeit, denen Ausübung der Oberanfsehenden Gewalt im Reiche, im Namen des Kaisers, zusteht, ist eben so gering; denn das Kammer-Gericht kann nur aufgefodert vom Reichs-Fiskale oder den Partheyen procediren, und der Reichshofrath, als zugleich ein Regierungs-Collegium, könnte zwar von Amtswegen für sich handeln, allein er thut es doch auch nicht, außer bey den Reichs-Städten und etwa den kleinen Territorial-Herrn: desto uneingeschränkter ist die Landesherrliche Lehen-Hoheit in Ausübung dieses, in ihr enthaltenen, Rechtes der Oberaufsicht.

§. 17.

Dasjenige Recht der höchsten Staats-Gewalt, wodurch die meisten ihrer übrigen Rechte eigentlich wirksam werden, das Recht der Gesetzgebung, ist als solches, in Beziehung auf das Lehen-Institut, ein Recht der Lehen-Hoheit. Dasselbe begreift in sich die Befugniß, sowohl neue Lehen-Gesetze zu machen, die vorhandenen authentisch zu erklären, und Ausnahmen davon zu constituiren, als auch den vorhandenen Lehen-Gebräuchen und Gewohnheiten, durch ausdrückliche oder stillschweigende Einwilligung, Gesetzliche Kraft zu geben, die Sammlungen der ältern teutschen, oder fremden Longobardischen Lehenrechte zu verwerfen, oder sie aufzunehmen, und die Gränzen ihrer Anwendbarkeit zu bestimmen. Gegenstände dieser Gesetzgebung sind alle möglichen Lehen-Verhältnisse, wodurch Rechte und Verbindlichkeiten in Beziehung auf Sachen und Personen begründet werden, in sofern jene der Staatszweck den subjektiven

Grän-

Gränzen der Staats-Gewalt unterwirft, und nicht von der Art sind, worüber der Regent und Gesetzgeber in der Regel, nicht disponiren, in die er nicht eingreifen, die er nicht aufopfern darf und kann.

Nach offenkündigen richtigen Principien des teutschen Staats-Rechts, sollten diesen Gesetzen eines Subjekts der Lehen-Hoheit, alle die in dem Gebiethe seiner Hoheit gelegenen, selbst von auswärtigen unmittelbaren relevirenden Lehen, und ihre Besitzer, unterworfen seyn, und in vorkommenden Streitigkeiten darnach beurtheilet werden, oder zum wenigsten nur mit Einwilligung desselben Subjekts als solchen, Ausnahmen davon möglich seyn; den jede Anwendung fremder Gesetze auf den Bürger, oder die Sache eines Staats ist, außer dieser letzten Einschränkung, ein Eingriff in die gesetzgebende Gewalt desselben Staats. Allein man scheint auf diese gerechte Anwendung und Ausdehnung seiner Autonomie eben nicht sehr eifersüchtig gewesen zu seyn, da es in den meisten Lehrbüchern des Lehenrechts als entschieden aufgestellte Regel ist, daß die Lehen nach den Rechten der Lehenhöfe, von denen sie releviren, zu beurtheilen seyn o). Die Anwendung jenes Grundsatzes ist also in Teutschland zur Ausnahme geworden, und mir sind nur sehr wenige Provinzen bekannt, in welchen dieselbe wirklich statt findet. Alle Lehen, die in Sachsen gelegen sind, auch solche, worüber auswärtigen Herren die Lehen-Herrlichkeit zukömmt, werden nach Sächsischen Rechten beurtheilt p). In dem Bayrischen Codex q) ist verordnet: „Werden die „zwar

---

o) Dahin gehören vorzüglich Böhmer in diss. de decisione causarum feudalium secundum jus curiae (Gött. 1768) Schnaubert in s. Comment. über Böhmers princ. jur. feud. zum §. 33. S. 57. folg. Dabelow in comment. de eo, quod justum est in collisione jurium curiae & feudi siti, in decidendis causis feudalibus, in s. Meletematibus jur. feud. collect. 1. (Halae 1791.) Comment. 2.

p) Nach Zeugniß Bieners in diss. de jurisdictione feudali in praedia Saxonica & Lusatica seniori extra territorium Saxoniae & Lusatiae nexu clientelari obstricta non competente (Lips. 1788.)

q) Cod. Max. bav. civ. Th. 4. cap. 18. §. 59. nro. 4.

„ zwar an auswärtige Lehenhöfe relevirend, „ aber inner Landesgelegene Lehen, durchaus „ nach hiesigen Landrechten, von der Obrig„ keit, worunter sie liegen, beurtheilt, „ und zwar dem Marginal nach, in Lehenstreitigkeiten. Der Freyherr von Kreittmayr r), der demselben Grundsatze, den ich oben aufstellte, beytritt, meldet auch, daß der Casus sich neuerlich noch zwischen dem Fürstlich Regensburgischen Lehenhof, dann der Fr. Lerchenfeldischen Vormundschaft von Menkhofen ergeben habe, und gegen jenen per tres sententias conformes gesprochen worden sey.

Daß übrigens dieß Recht der Lehen-Gesetzgebung an dieselben Bedingungen gebunden sey, an welche das Recht der Gesetzgebung einer Staatsgewalt überhaupt gebunden ist, ist für sich klar. Der Kaiser kann also nur mit Zuziehung der Reichs-Stände Lehen-Gesetze geben, und die Landesherrn sind bey Ausübung dieses Rechts da, wo Land-Stände existiren, ebenfalls durch ihre Concurrenz beschränkt.

Bey-

r) Ad codic. bavar. judic. pag. 194.

Beyspiele von dem Gebrauche dieses Rechts, sowohl von Seiten des Kaisers als der Landesherrn, kamen schon oben in den §§. 4. und 5. vor. Dahin gehören noch vorzüglich, die Oesterreichischen, Braunschweigischen, Mecklenburgischen, Hessen-Casselischen, Jülichschen, Pommerschen, Anhaltischen, Sachsen-Gotha-, Eisenach- und Altenburgischen, Kulmbachisch- und Tecklenburgischen Lehen-Gesetze. Es wäre sehr zu wünschen, daß häufiger von diesem Rechte der Lehen-Gesetzgebung Gebrauch gemacht worden wäre, und noch gemacht würde: denn bey der Unbestimmtheit der meisten Lehen-Observanzen, bey der Unzulänglichkeit der älteren teutschen sowohl, als selbst des Longobardischen Lehenrechts vorzüglich bey der so sehr veränderten heutigen Lehenverfassung, mußten und müssen nothwendig alle die vielen Lehen-Streitigkeiten entstehen, die nach dem Zeugnisse der Geschichte und der täglichen Erfahrung nicht selten von den wichtigsten und traurigsten Folgen sind.

§. 18.

Derjenige Theil der Staats-Gewalt, der sich unmittelbar mit der Erhaltung der vollkommenen Rechte der Staatsbürger im Inneren des Staats beschäftigt, die Justitz-Gewalt, ist als solche in Beziehung auf Lehen und ihre Besitzer, ein Recht der Lehen-Hoheit.

In diesem Rechte sind, wie in der Justitz-Gewalt überhaupt, folgende 4 Gewalten enthalten:

a) Die beurtheilende Gewalt, welche hier die richterliche Gewalt, Gerichtsbarkeit (potestas judiciaria, jurisdictio) heißt.

b) Justitz-Gesetzgebung.

c) Das Recht der Oberaufsicht: und

d) der Vollstreckung.

Das äußerst große, sowohl theoretische als praktische Interesse dieser in vielen Punkten so sehr bestrittenen Lehen-Justitz-Gewalt, wird eine genauere Entwicklung derselben hinlänglich rechtfertigen.

Die richterliche Gewalt, als ein Recht der Lehen-Hoheit, im weiteren Verstande, begreift

in

in sich die Gerichtsbarkeit, sowohl über die Streitigkeiten der Lehen-Besitzer, welche über Rechte und Verbindlichkeiten entstehen, die mit ihren Lehen-Verhältnissen in gar keiner Verbindung stehen, als auch über diejenigen Streitigkeiten derselben, welche Rechte und Verbindlichkeiten betreffen, die zwar Bezug auf ihre Lehen-Verhältnisse haben, ohne jedoch zu den eigentlichen Lehen-Streitigkeiten gerechnet werden zu können. Dahin gehören nach richtigern Grundsätzen z. B. Streitigkeiten über die Existenz des Lehenbands selbst, wenn der Vasall als Kläger oder Beklagter seinem Lehenherrn die Lehen-Herrlichkeit, oder umgekehrt, der Lehenherr dem Vasallen die Eigenschaft eines Lehenmannes abläugnete, ferner Streitigkeiten über Lehens-Inventarien, über die bereits abgebrachten Früchte eines Lehenguts, über Scheidung des Lehen vom Allode, über Lehen-Anwartschaften, über Gränz-Bestimmungen, sie mögen bloß Lehen, oder Lehen und Allode betreffen, über Pachtcontrakte über Lehen-Güter, über Civil-Bestimmungen eines Kaufs oder Ver-

Verkaufs von Lehen-Gütern s), und so überhaupt alle diejenigen Streitigkeiten, die nicht zwischen Lehenherrn und Vasallen, präcise als solchen, statt finden, die nicht in der Lehens-Qualität unmittelbar begründet sind. Streitigkeiten beyder Art sind ausschließend Gegenstände dieser richterlichen Gewalt als eines Rechtes der Lehen-Hoheit, und die Gerichtsbarkeit über dieselben kann nur vermöge Concession des Subjekts der Lehen-Hoheit als solchen, andern Personen zustehen.

Die

---

s) Viele rechnen, jedoch ohne unzureichende Gründe, mehrere dieser Punkte zu den eigentlichen Lehen-Streitigkeiten: die besten Schriften darüber sind: Car. Ferd. Hommelii tr. de caussis pseudo-feudalibus verisque, sive de jurisdictionis ordinariae & clientelaris conflictu. (Lips. 1781. 8.) — Die 14te Abhandlung in Westphals teutschem Lehen-Rechte (Leipz. 1784. 8.) Von den Sachen, die lediglich, oder zugleich vor die Lehen-Gerichte gehören. Die im vorigen §. schon allegirte Abhandlung von Dabelow.

Die Richterliche Gewalt, als ein Recht der Lehen-Hoheit, im engern Sinne, begreift in sich die streitige (im Gegensatze der Freywilligen) r) Gerichtsbarkeit in eigentlichen Lehen-Sachen. Es mag allerdings befremdend seyn, hier dasselbe Recht, die Lehen-Gerichtsbarkeit nämlich, der Lehen-Hoheit vindicirt zu sehen, welches oben im 15ten §. sub lit. D. der Lehen-Herrlichkeit zuerkannt ist: allein dieser anscheinende Widerspruch wird sich durch folgende Bestimmungen lösen.

Es

r) Diese freywillige oder willkührliche Lehens-Gerichtsbarkeit besteht in dem Rechte, die Gültigkeit einer Lehens-Handlung zu bestättigen. Dahin gehören z. B. die Belehnung, der Lehenindult, die Bestättigung der Lehensvormundschaft, der Bestellung einer Hypothek, der Verwandlung des Lehens in Erbe, Bewilligung der Lehensveräußerung, einer vom Lehen-Rechte abweichenden Erbfolge, einer Resignation rc. Der Grund dieser freywilligen Gerichtsbarkeit liegt in den Lehenherrlichen Rechten unmittelbar, und macht daher einen wesentlichen Bestandtheil der Lehenherrlichen Gerechtsame aus; von dieser ist hier nicht die Rede.

Es ist ein eben so bekannter, als allgemein anerkannter Grundsatz des natürlichen Staats-Rechts, daß die höchste Staats-Gewalt die Quelle aller Gerichtsbarkeit sey. Diesem Principe zufolge ist auch die Lehen-Gerichtsbarkeit offenbar ein Recht der Lehen-Hoheit und nicht der Lehen-Herrlichkeit. Mehrere u) finden den Grund der Lehen-Gerichtsbarkeit, als eines Lehenherrlichen Rechtes, in dem Lehen-Contrakte, und der Verbindung zwischen Lehenherrn und Vasallen, allein weder in dem Lehen-Contrakte, noch in dieser Verbindung liegt etwas, das Lehen-Gerichtsbarkeit von Seiten des Lehenherrn nothwendig begründete; ja es kann und darf nicht einmal so etwas darinn liegen, denn wie würde die Willkühr durch Privat-Verträge oder Verbindungen, Rechte, die nur der höch-

u) J. B. Schrader in tract. Feudal. P. 10. sect. 1. — Rosenthal de feudis cap. 12. concl. 1. nro. 2. — Estor in opusc. de jurisdictione curiarum clientelarium Germ. & de causis feudalibus ibi tractandis §. 23. pag. 36. und andere mehrere.

höchsten Staats-Gewalt eigen sind, gegenseitig gültig auf einander übertragen zu dürfen, mit dem Staatszwecke selbst bestehen können? und schon Böhmer sagt x) ganz richtig: „Jurisdic„tionem feudalem ex contractu feudali repete„re, idem foret, ac conventioni privatae eam „vim tribuere, ut per eam imperii jus in alte„rum transferri possit.„ Daß dieser Grundsatz, auch die eigentliche Lehen-Gerichtsbarkeit sey nach dem natürlichen Staats-Rechte ein Recht der Lehen-Hoheit, auch mit den Principien des teutschen Territorial-Staats-Rechts zum wenigsten vereinbarlich sey, dafür will ich statt aller andern Beweise, die wirkliche Anwendung desselben im Churthume Bayern anführen. Kreittmayr y) sagt: „Nach Bay„rischem Rechte wird es mit der Lehen-Ge„richtsbarkeit folgendermaßen beobachtet. Es „werden die Lehen entweder vom Churfürstlichen

---

x) In s. Exercit. de judice feudorum extra curtem §. 7.

y) Ad cod. jud. bav, pag. 21.

„ chen Lehenhofe selbst oder von andern, in-
„ und auswärtigen, empfangen, bey den letz-
„ tern wird keinem Lehenherrn, q. a Lehenherrn,
„ in Lehen-Streitigkeiten eine Jurisdiction ein-
„ gestanden, sondern wenn sich ein solcher Streit
„ ereignet, so ist allezeit die Obrigkeit in der Sa-
„ che Richter; worunter das Lehenimmediate
„ liegt. (Bayr. Landr. Art. 1. Tit. 11. und Art. 5.
„ Tit. 12.) welches auch bey jenen Lehen, so
„ von benachbarten Fürsten und Ständen an
„ andere verliehen, und in hiesigen Landen ge-
„ legen sind, also Herkommens und per De-
„ cretum electorale vom 22ten März 1728 aus-
„ drücklich verordnet ist. — Deren zum Chur-
„ fürstlichen Lehenhofe rührenden Lehen halber
„ bringt sowohl das Decret vom 12ten April
„ 1668 als die Hofraths-Ordnung Art. 3. §. 12
„ schon das nämliche mit sich, was der Codex
„ nunmehro iisdem terminis wiederholt und be-
„ stättigt ꝛc. „ Man sieht hieraus ganz deutlich, daß die Lehen-Gerichtsbarkeit in Bayern
als ein Recht der Lehen-Hoheit behauptet und
ausgeübt wird. Allein warum ist jener Grund-

satz des natürlichen Staatsrechts in den Territorien Teutschlands zur Ausnahme, warum die Lehen-Gerichtsbarkeit, in der Regel, ein Recht der Landesherrlichen- und der Privaten-Lehenherrlichkeit geworden?

Herr Hofrath Haus hat uns in einem Programme (Wirzburg 1793) seine, über den wahren Grund und die Natur der Lehen-Gerichtsbarkeit, als eines Lehenherrlichen Rechts in Teutschland, mit sehr vielem Scharfsinne unternommenen Untersuchungen mit einer eben so ausgezeichneten energischen Darstellungskraft, mitgetheilt. Der Verfolg mag jedoch entscheiden, ob desselben Grundsätze in jeder Hinsicht als vollkommen richtig und überzeugend angenommen werden können.

Die älteste Geschichte Griechenlands und Roms, so wie die neueste der Fränkischen Republik bringen uns die Erfahrung auf, daß keine höchste Gewalt eines Staates gleich bey seiner Entstehung diejenige vollkommene In- und Extension habe, derer sie ihrer Natur nach fähig big ist, daß jene nur allmählig und stuffenweise bis zu dieser empor klimme.

Dieselbe Erfahrung wird durch die Entstehungsgeschichte des teutschen Staates bestättiget. Schon in der frühesten Kindheit desselben erwachte bekanntlich das Lehen-Institut, nicht nur zwischen den Königen und ihren Untergebenen, sondern auch zwischen diesen unter sich. Auch von den Lehenherrn der letztern Klasse sieht man frühe eine gewisse Art von Gerichtsbarkeit über ihre Vasallen ausüben, und ich bin ganz mit H. Haus einig, daß diese Erscheinung nicht anders, als eine Folge der mit dem Lehen-Obereigenthume, wie mit jedem freyen Guts-Eigenthume damals in Teutschland verbunnenen Münde oder Schutz-Herrlichkeit erklärt werden könne, obgleich diese Gerichtsbarkeit so wenig eine nothwendige Folge, der mit dem Lehens-Obereigenthume verbundenen Schutz-Herrlichkeit, als die sogenannte Erb- oder Patrimonial-Gerichtsbarkeit über Guts-Hintersaßen eine nothwendige Folge der mit dem freyen Guts-Eigenthume verbundenen

Münde, Hege oder Pflege über dieselben war. Die Könige kannten entweder das in der Natur der höchsten Staatsgewalt enthaltene Recht, vermöge dessen sie sich diese Gerichtsbarkeit hätten vindiciren können, nicht, oder wollten es nicht ausüben, wollten den an Autonomie von jeher so sehr gewöhnten Teutschen hierinn nicht beschränken. Die Lehen-Gerichtsbarkeit bildete sich nach Art der Patrimonial-Gerichtsbarkeit, mit der sie noch lange verbunden war, immer mehr aus, und wurde durch allgemeine Observanz, als ein Recht der Lehen-Herrlichkeit bestättiget. Hätte man auch späterhin von Seiten der höchsten Staats-Gewält diese Gerichtsbarkeit zu reclamiren gesucht, so würde doch die große Macht der Lehenherrn, jeden Versuch, ein durch die Observanz mehrerer Jahrhunderte ihnen gesichertes Recht zu entreißen, vereitelt haben. Die Königlichen Beamten, Herzöge, Grafen, und die Dynasten, waren gerade die angesehensten Lehenherrn, welche in den vielfältigsten und ausgebreitetesten Lehens-Verbindungen standen, und bey den fast gänzlich ver-

wischzwischten Gränzen der nach dem Karolingischen Systeme geschlossenen Grafschaften oder Gauen, war es natürlich, daß sie häufig wechselweise, einer in dem Gebiethe des andern, Lehenleute zählten, die sich ihrer Schutz-Herrlichkeit, und somit auch ihrer Gerichtsbarkeit unterworfen hatten. Nothwendig mußten daher, da sich diese nach und nach zu Landesherrn, deren vorzüglichste Sorge auf die möglichste Wiederherstellung geschlossener Territorien gerichtet seyn mußte, empor schwangen, die häufigsten Collisionen entstehen: „Zu Erreichung jener Absicht, sagt H. Haus z) wäre freylich das „durchgreifendste und schnelleste Mittel gewesen, die Lehen-Herrlichkeit auswärtiger über „die Lehen in fremden (seinen) Territorien, „und die damit verbundene Gerichtsbarkeit geradezu umzustürzen. Allein die Denkart unserer Nation ehrte zu sehr das Heiligthum „wohlerworbener Rechte, als daß die Landesherrn zu einer gänzlichen Zernichtung der

 „Lehen-

z) In s. angezogenen Progr. §. 10. S. 40.

„ Lehenherrlichen Rechte geneigt, oder so we„ nig vorsichtig gewesen wären, die herrschen„ de National-Anhänglichkeit an wohl gegrün„ dete Rechte, durch solche Eingriffe zu krän„ ken, „ und doch spricht derselbe bald darauf a) von einem Rechte verschlingenden Leviathan der Landesherrlichen Macht: und mir deucht, man müsse die ganze Genesis der Landes-Hoheit, — die notorisch mit der Aufopferung so vieler wohlerworbener Rechte, und mit der Sprengung so vieler Rechts-Institute, die man nichts weniger als in ihrer Orginalität, und mit denen man die Wirkungen der aus dem Begriffe einer obersten Staats-Gewalt abgeleiteten Grundsätze, nichts weniger, als nur einen parallelen Gang nehmen ließ, verbunden ist, — mit Fleiße vergessen haben, um diesen, als den hinreichenden Grund jenes nicht geschehenen Umsturzes anzunehmen: vielmehr läßt sich meiner Meynung nach aus diesem letzten Umstande der analogisch bindende Schluß machen,

a) In demſ. Progr. §. 18. S. 49.

chen, daß nicht Achtung für das Heiligthum wohlerworbener Rechte, auch nicht Mangel an gutem Willen, sondern theils bloßer Mangel an nöthiger Macht, theils andere politische Gründe, der nächste und letzte Grund jenes nicht geschehenen Umsturzes gewesen seyn. Die Eifersucht und Wachsamkeit über jedes ihrer Rechte, war gerade bey Entstehung der Landes-Hoheit, bey ihren Competenten unter sich, in der größten Thätigkeit. Der minder mächtige durfte, aus Furcht vor gänzlicher Unterdrückung, am allerwenigsten einen solchen gewaltsamen Schritt wagen, der mächtigere aber mußte um so mehr selbst auf Erhaltung dieses Rechts am meisten bedacht seyn, weil er gewöhnlich bey derselben das meiste Interesse hatte, und an ein freywilliges patriotisches Opfer, für die so nöthige Einheit des innern sowohl als äußern Justitz-Mechanismus in jedem Staate, war gar nicht zu denken. Dazu kam noch das große Ansehen der fremden Gesetzbücher, namentlich des Kanonischen und Longobardischen Rechts, welche beyde, mit Hintansetzung der

Staatsrechtlichen Grundsätze, die Lehen-Gerichtsbarkeit als ein Attribut der Lehen-Herrlichkeit bestättigten; der Zusammenfluß dieser Umstände mag es gewesen seyn, welcher unter den Landesherrn eine gegenseitige Sicherung Lehenherrlicher Rechte, und zugleich der Lehen-Gerichtsbarkeit, als eines solchen, bewirkte; eine nothwendige Folge davon war, daß man, wollte man nicht eine schreyende Ungerechtigkeit begehen, auch der Lehen-Herrlichkeit der Privaten die Lehen-Gerichtsbarkeit ferner gestatten mußte, von denen jedoch bey weitem, der größte, dabey interessirte Theil, vereint, auch hierinn jedem gewaltsamen Eingriffe die Spitze biethen konnte. Auf diese Art erhielt die für die Lehenherrliche Compedenz in Lehen-Streitigkeiten schon die längste Zeit hindurch vorhandene Observanz nicht nur die wichtigste Stütze, sondern jene wurde auch noch durch die Oberstrichterlichen Aussprüche und Privilegien verschiedener Kaiser mittelbar, so wie in der Folge durch mehrere Reichs-Grundgesege b) unmittelbar und ausdrücklich in Rechten begründet, und so ward diese der Landesherrlichen Lehen-Hoheit lästige Staats-Dienstbarkeit, nämlich die Lehen-Gerichtsbarkeit nach Art einer Patrimonial-Gerichtsbarkeit als ein Recht der Landesherrlichen- und der Privaten Lehen-Herrlichkeit bis auf unsere Zeiten erhalten.

§. 19.

Auf diese Art wäre also die eigentliche Lehen-Gerichtsbarkeit, aus der Lehen-Justitz-Gewalt, als einem Rechte Landesherrlicher Lehen-Hoheit, ausgeschieden, und ihre Stelle unter den Rechten der Lehen-Herrlichkeit in soferne gerechtfertigt. Allein wie verhält es sich in dieser Hinsicht, mit der Reichs-Lehen-Justitz-Gewalt? Daß auch die Lehenrichterliche Gewalt im Reiche, im weitern Sinne, wie sie im vorhergehenden §. bestimmt worden, unter den allgemeinen Beschränkungen der Kaiserlichen Justitz-Gewalt, ein Recht Kaiserlicher Lehen-Ho-

b) Wie sie Hr. Haus an dem oft angef. Orte §. 18. sehr richtig und vollständig anführt.

Hoheit sey, wird wohl keinem Zweifel unterworfen seyn. Wenn aber Hr. Haus, und mit ihm, meines Wissens, die allgemein herrschende Meynung, eben so apodiktisch die eigentliche Reichs-Lehen-Gerichtsbarkeit, als ein Recht Kaiserlicher Lehen-Herrlichkeit festsetzt, und mithin indirekte dieselbe der Kaiserlichen Lehen-Hoheit abläugnet, so muß ich gestehen, daß ich nichts so sehr wünsche, als meine vollkommene Ueberzeugung vom Gegentheile, in einem hinreichend bestimmten und lichtvollen Ausdrucke darstellen zu können.

Hr. Haus macht, wenn ich nicht irre, eigentlich folgenden Schluß: Der historische Grund jeder Gattung von Gerichtsbarkeit ist Teutschland ist die Germanische Münde, Schutzherrlichkeit, oder Pflege; folglich ist diese auch der historische Grund, sowohl der gemeinen Gutsherrlichen, als der Leherrlichen, und zwar der Königlich-Lehenherrlichen Gerichtsbarkeit, wie jener der Privaten (im Gegensatze der Königlichen). Da hier nur von der Lehen-Gerichtsbarkeit die Rede ist, so behalte ich von diesem ſein Schluſſe nur ſo viel bey, als hier intereſſirt: ich ſchließe alſo mit Hrn. Haus: Der hiſtoriſche Grund aller Lehen-Gerichtsbarkeit in Teutſchland iſt die Münde oder Schutz-Herrlichkeit der Lehen-Herrn über ihre Vaſallen: folglich iſt die Schutz-Herrlichkeit der Könige als Lehen-Herrn über ihre Vaſallen, der hiſtoriſche Grund der Königlichen Lehen-Gerichtsbarkeit, ſo wie die Schutz-Herrlichkeit der Privaten als Lehenherrn über ihre Vaſallen, der hiſtoriſche Grund der Lehen-Gerichtsbarkeit der Privaten iſt. Dieſer Schluß kann nichts anders heißen, als dieſes: In Teutſchland iſt uns in der Reihe von Erſcheinungen oder Thatſachen keine andere gegeben, welche wir als die bewirkende Urſache irgend einer Lehen-Gerichtsbarkeit (die, in ſofern ſie in der Ausübung wirklich, Erſcheinung iſt) annehmen können, als die Schutz-Herrlichkeit der Könige, als Lehenherrn über ihre Vaſallen: folglich iſt die Schutz-Herrlichkeit der Könige, als Lehenherrn über ihre Vaſallen, die (einzig in der Erſcheinung gegebene) bewirkende Urſache der

Königlichen Lehen-Gerichtsbarkeit, so wie die Schutzherrlichkeit der Privaten, als Lehenherrn über ihre Vasallen die (einzig in der Erscheinung gegebene) bewirkende Ursache der Lehen-Gerichtsbarkeit der Privaten ist. Dieser Schluß ist, meines Erachtens, zum Theile wahr, zum Theile falsch: ich halte nämlich dafür, daß man die Subjekte unterscheiden müsse, in Beziehung welcher die Erscheinungen gegeben sind. Bey Lehenherrn, die bloße Privatpersonen waren, ist es allerdings wahr, daß uns keine andere Erscheinung, als eben diese ihre Schutz-Herrlichkeit über ihre Vasallen gegeben sey, welche als die bewirkende Ursache ihrer Lehen-Gerichtsbarkeit angenommen werden könnte: bey Lehenherrn aber, die zugleich Regenten waren, (wie die teutschen Könige) sind uns zwey Erscheinungen gegeben, welche für die bewirkende Ursachen ihrer Lehen-Gerichtsbarkeit angesehen werden können, nämlich ihre Privat-Schutzherrlichkeit, als Lehenherrn, und ihre bürgerliche Oberherrschaft als Regenten: daß aber bey diesen Subjekten letztere Erscheinung als

die

die bewirkende Ursache ihrer Lehen-Gerichtsbarkeit angenommen werden müsse, glaube ich so zu beweisen: Es ist ein bekanntes Rechts-Axiom, welches in allen Rechtstheilen, und vorzüglich durchs ganze Lehenrecht eine so wichtige Rolle spielt, dieses nämlich: In allen und jedem rechtlichen Verhältnisse und Geschäfte muß das, was die Regel desselben ist, so lange angenommen werden, bis eine Ausnahme davon entweder durch die Natur der Sache nothwendig, oder sonst erwiesen ist: dieses Rechts-Axiom muß auch hier angewendet, da seiner Anwendung nichts im Wege steht, und demnach so geschlossen werden. Jede Art von Gerichtsbarkeit, (als Erscheinung, da überhaupt von einem historischen Grunde hier die Rede ist) muß so lange aus derjenigen Erscheinung, welche in der Regel die bewirkende Ursache derselben ist, erklärt werden, bis eine Ausnahme davon durch die Natur der Sache nothwendig, oder sonst erwiesen ist, folglich auch die Lehen-Gerichtsbarkeit. Nun aber ist die oberste Staats-Gewalt in der Regel die bewirkende Ursache al-

ler

ler Gerichtsbarkeit, folglich auch der Lehen-Gerichtsbarkeit, also muß auch die oberste Staats-Gewalt so lange als die bewirkende Ursache der Lehen-Gerichtsbarkeit angenommen werden, bis eine Ausnahme durch die Natur der Sache nothwendig, oder sonst erwiesen ist. Ich schließe ferner: bey einem Theile von Subjekten, an welchen wir die Erscheinung der Lehen-Gerichtsbarkeit wahrnehmen, bey den Privatpersonen, ist uns eine durch die Natur der Sache nothwendige Ausnahme gegeben, eben dadurch, daß sie Privatpersonen, mithin keine Subjekte der Staats-Gewalt waren, und dennoch Lehen-Gerichtsbarkeit ausübten, bey dem andern Theile von Subjekten aber, nämlich bey den Königen, ist weder eine Ausnahme durch die Natur der Sache nothwendig, noch sonst erwiesen, also muß auch bey diesen die Staats-Gewalt als die bewirkende Ursache ihrer Lehen-Gerichtsbarkeit angenommen werden. Daß bey diesen Subjekten keine durch die Natur der Sache nothwendige Ausnahme gegeben sey, ist für sich klar; indem die Könige, zum wenigsten ge-

sagt,

ßigt, eben so gut als Regenten, als wie als Lehenherrn, die Lehen-Gerichtsbarkeit können ausgeübt haben. Auch ist bey ihnen keine Ausnahme erwiesen, denn man schließt daraus, daß die Schutz-Herrlichkeit der Privaten, als Lehenherrn, über ihre Vasallen, die bewirkende Ursache ihrer Lehen-Gerichtsbarkeit war, analogisch darauf, daß auch die Schutz-Herrlichkeit der Könige über ihre Vasallen als Lehenherrn, die bewirkende Ursache ihrer Lehen-Gerichtsbarkeit gewesen seyn müsse: allein diese Analogie ist wegen der großen Disparität beyder Arten von Subjekten völlig ungegründet, folglich auch der darauf gebaute Beweis unzureichend. Da nun bey den Königen eine Ausnahme von der Regel, daß die oberste Staats-Gewalt die bewirkende Ursache aller, mithin auch der Lehen-Gerichtsbarkeit sey, weder durch die Natur der Sache nothwendig, noch sonst erwiesen ist, so folgt, daß die bürgerliche Oberherrschaft der teutschen Könige diejenige Erscheinung sey, welche als die bewirkende Ursache ihrer Lehen-Gerichtsbarkeit gegeben, angenommen werden müsse, das heißt: daß ihre bürgerliche Oberherrschaft, und nicht ihre Schutz-Herrlichkeit als Lehenherrn, der historische Grund ihrer Lehen-Gerichtsbarkeit, daß also die Reichs-Lehen-Gerichtsbarkeit, ihrem historischen Grunde nach, ein Recht Kaiserlicher Lehen-Hoheit, und nicht Kaiserlicher Lehen-Herrlichkeit sey. Eine wichtige Stütze erhält diese Behauptung noch durch den historisch erwiesenen Umstand, daß nicht nur ursprünglich die Reichs-Lehen-Gerichtsbarkeit mit der ordentlich bürgerlichen Gerichtsbarkeit vereinigt war, sondern daß sich die Vermischung beyderley Gattungen der Gerichtsbarkeiten, selbst bis auf den heutigen Tag, beynahe gänzlich erhalten hat.

Wozu aber, höre ich manchen sagen, dieser Aufwand von Rechtsphilosophie, um den historischen Grund der Reichs-Lehen-Gerichtsbarkeit auszumitteln, da auch zugegeben, daß diese, zufolge jenes, ein Recht Kaiserlicher Lehen-Hoheit sey, doch wohl niemand zweifeln wird, daß sie ihrem rechtlichen Grunde nach ein Recht Kaiserlicher Lehen-Herrlichkeit sey,

so

so wie sie auch heut zu Tage wirklich als ein solches ausgeübt wird. — So wenig letzteres von mir selbst bezweifelt wird, so liegt dagegen in eben jenem bestimmten historischen Grunde zum Theile der Beweis, daß auch ihrem rechtlichen Grunde nach die Reichs-Lehen-Gerichtsbarkeit als ein Recht Kaiserlicher Lehen-Hoheit angesehen werden müsse: zum rechtlichen Grunde aller Lehen-Gerichtsbarkeit, als eines Lehenherrlichen Rechts werden von Hrn. Haus gerechnet:

a) Observanz: allein es ist eine mittelbare Folge, des in den beyden letzten §§. angeführten, daß nur die Lehen-Gerichtsbarkeit der Privaten und auch der nachmaligen Reichs-Stände, als ein Recht der Lehen-Herrlichkeit, die Reichs-Lehen-Gerichtsbarkeit aber vielmehr, als ein Recht der Lehen-Hoheit, Observanz gewesen sey.

b) Theils Verträge mehrerer Reichs-Stände unter sich: daß aber diese nur unter den bestimmten Contrahenten rechtlicher Grund der Lehen-Gerichtsbarkeit, als eines Lehenherrlichen Rechts, seyn können, ist ohnehin ausgemacht: Theils Oberstrichterliche Aussprüche und Privilegien verschiedener Kaiser; daß auch diese nur auf diejenigen, denen sie zunächst galten, und höchstens nur analogisch auf Subjekte derselben Art, Bezug haben können, ist eben so für sich klar.

e) Endlich Reichs- und Reichs-Grundgesetze, wodurch die Lehen-Gerichtsbarkeit als ein Recht der Lehen-Herrlichkeit fest gesetzt wird; diese könnten auf den ersten Anblick auf einmal für letztere auch in Hinsicht der Reichs-Lehen-Gerichtsbarkeit zu entscheiden scheinen; allein man darf sich nur die Mühe geben, die Geschichte und Veranlassung derselben zu untersuchen, und man wird finden, daß sie weiter nichts, als eine Bestättigung der bis dahin unter Reichs-Ständen und Privaten (für die sie gegeben), vorhandenen Observanz sind: es verhält sich also mit denselben gerade so, wie mit der Observanz, worauf sie gegrüngründet sind, überhaupt. Wahrscheinlich ist es durch eine, durch willkührliche Ur-al-Erklärung geschehene Ausdehnung derselben auf die Reichs-Lehen-Gerichtsbarkeit, dahin gekommen, daß auch diese heut zu Tage als ein Recht Kaiserlicher Lehen-Herrlichkeit ausgeübt wird, ob ich gleich so lange, bis ich eines andern belehrt werde, vollkommen überzeugt bin, daß jene in der Theorie als ein Recht kaiserlicher Lehen-Hoheit angesehen und beurtheilt werden müsse.

§. 20.

Der zweyte Theil der Lehen-Justiz-Gewalt, als eines Rechtes der Lehen-Hoheit, ist das Recht der Oberaufsicht, angewendet auf die Lehen-Gerichtsbarkeit.

War es gleich den teutschen Landesherrn unmöglich, die eigentliche Lehen-Gerichtsbarkeit als ein Recht ihrer Lehen-Hoheit zu erhalten und zu behaupten, so liegt doch das Recht der Oberaufsicht über dieselbe so wesentlich in

 dem

dem Begriffe und der Bestimmung der Staats-Gewalt, und die Subordination einer jeden Art von Patrimonial-Gerichtsbarkeit unter die bürgerliche Oberherrschaft eines Staats ist so sehr über allen Zweifel erhaben, daß ich keinen Augenblick anstehe, zu behaupten, daß dieselben vermöge ihrer Lehen-Hoheit, zu dieser Oberaufsicht über die Lehen-Gerichtsbarkeit nach ihrer vollkommensten Ausdehnung berechtigt seyen. Dahin gehören z. B. die Nothwendigkeit der Requisition des ordentlich bürgerlichen Richters, worunter sonst der Vasall steht, wenn derselbe vor sein Lehen-Gericht citirt werden soll c), Prüfung besonders der von Landsässigen Lehenherrn zu Lehenrichtern zu bestellenden Personen; vorzüglich aber das Recht der Appellations-Instanz in allen und jeden Lehenstreitigkeiten.

Appel-

---

c) Man s. darüber Hommel obs. 847. Horn jurispr. feud. cap. 25. §. 24. Maevius Part. 1. decis. 325 P. -. decis. 390. Gail. lib. 1. obs. 375. Hellfeld in opusc. p. 53.

Appellationen gehen bekanntlich Stuffenweise von dem niedern Richter an den höhern, welchem die Oberaufsicht über jenen zusteht; man streitet sich aber darüber, wer in Lehenstreitigkeiten dieser höhere Richter sey: die meisten Lehenrechts-Gelehrten unterscheiden, ob der unmittelbare Lehenherr der Sache, welche der Streit betrifft, einem oder mehreren Lehenherrn stuffenweise untergeordnet sey, oder ob er seine Lehenherrlichen Rechte als völliges Eigenthum (jure allodiali) besitze, somit keinen Lehen-Herrn über sich habe.

Im ersten Falle verweisen sie die Appellation von dem After-Lehen-Herrn stuffenweise an die zunächst höhern Lehen-Herrn: so wenig zwar dagegen etwas einzuwenden ist, so halte ich jedoch dafür, daß diese Stuffen von Appellationen nur Unter-Abtheilungen, einer und derselben, und zwar der ersten Instanz der Lehen-Gerichtsbarkeit seyen, von welcher alsdenn noch die eigentlichen Appellations-Instanzen eintreten, welche von dem Ausspruche eines Lehenherrn, der seine Lehen-Herrlichkeit jure allodiali hat, statt finden; denn die verschiedenen After-Lehen-Herrlichkeiten sind nichts als Abstuffengen der Lehen-Herrlichkeit selbst, denen, in Verbindung mit dieser, nicht mehr Recht im Ganzen zustehen kann, als dieser allein und an und für sich; und daß dieser nicht mehr, als die Lehen-Gerichtsbarkeit in erster Instanz zustehe, wird weiter unten bewiesen werden; es verhält sich damit eben so, wie mit der gemeinen bürgerlichen Patrimonial-Gerichtsbarkeit: ich setze den Fall, ein Guts-Herr, der mit einer Patrimonial-Gerichtsbarkeit versehen ist, überließe die Ausübung seiner Gutsherrlichen Rechte, und mit diesen seine Patrimonial-Gerichtsbarkeit einem andern, und dieser wieder einen dritten, und ein von diesem verurtheilter appellirte an den zweyten, und von diesem an den ersten, so ist doch wohl kein Zweifel, daß ihm von diesem noch alle jene Appellations-Instanzen offen stehen, welche von einem Patrimonial-Richter überhaupt statt finden: ich glaube, daß dieser gewiß nicht unerhebliche Umstand bisher gänzlich vernachlässiget wor-

worden, so wie er auch von Hrm. Vultejus d), Ludwig Schrader e) und Georg Adam Struv f), welche in den unten angezogenen Stellen jenen Grundsatz ausführen, ganz und gar nicht berührt worden ist. Daß auf den Fall, wenn After-Lehenherrn gar keine Lehen-Gerichtsbarkeit haben, und die Streitigkeiten in Hinsicht dieser Afterlehen bey dem ordentlichen [illegible] angebracht werden müssen, alsdenn die Appellation von diesem nicht an den Lehenherrn, sondern in der Regel an die Obergerichte desselben Untergerichtes gebracht werden müsse, ist für sich klar: denn es wird kaum ein Landesherr einem Lehenhern die Oberaufsicht über eines seiner Gerichte gestatten, noch vielweniger kann er dazu gezwungen werden. So haben die edlen von Ußlar, von Hanstein, von Stockhausen in Hinsicht ihrer Afterlehen, die sie im Fürstenthume Göttingen

d) De feudis lib. 2. cap. 3. nro. 4.

e) In tract. feud. part. 10 sect. 2. nro. 53.

f) In syntagm. jur. feud. cap. 16. aphorism. 9.

und den Hessischen und Mainzischen Gebiethen besitzen, keine Lehen-Gerichtsbarkeit, und die diese Afterlehen betreffenden Streitigkeiten, werden nicht nur in erster Instanz vor die ordentlichen Richter, der Orte, wo jene liegen, sondern durch alle Instanzen an die Obergerichte derselben Unterrichter gebracht g).

Im zweyten Falle, wenn nämlich der Lehenherr seine Lehenherrlichen Rechte jure allodii besitzt, oder sie wenigstens als pro dominus auszuüben hat, verweisen alle einstimmig die Appellation an den ordentlichen Civil-Richter, vor welchen die Appellationen überhaupt gehören. Ist nun der Lehenherr ein Landsaße oder auch zugleich Landesherr, so ist kein Zweifel, daß von den Erkenntnissen ihrer Lehenhöfe, an die höheren Landes-Gerichte, und von diesen an die Reichs-Gerichte appellirt werden müsse, wenn nicht etwa ein Privilegium de non appellando im Wege steht, in welchem Falle die

Sache

g) Böhmer in differt. de judiciis feudorum extra curtem §. 17. not. m)

Sache an die Oberappellations-Gerichte gebracht werden müßte. (Es könnte sonderbar scheinen, daß hier der Landesherr dem Landsaßen gleich gestellt wird, allein man darf nicht vergessen, daß der Landesherr als Lehenherr, wie jeder andere Private anzusehen und zu beurtheilen, er also als Lehenherr gleich diesem seiner landesherrlichen Oberaufsicht unterworfen ist).

In Bayern wird h) von dem Oberst-Lehen-Probst-Amt zum Hofrath, und (weil es ein Privilegium de non appellando hat) von dort ad Revisorium; von den übrigen Churfürstlichen Lehen-Probst-Aemtern aber, nicht zum Oberst-Lehenhofe nach München, sondern zu der Regierung in jedem Rent-Amte, und von dort in dritter Instanz ebenfalls an das Revisorium appellirt. In Braunschweig-Lüneburg geht von dem Churfürstlichen Lehenhofe die Appellation an die höhern Dikasterien, und von die-

h) Nach dem Zeugnisse des Hrn. v. Kreittmayrs ad cod. civil. bav. pag. 1049. seq.

diesen an das Oberappellations-Gericht, von den Lehen-Gerichten anderer Lehenherrn in demselben Territorio aber nicht an den Churfürstlichen Lehenhof, sondern an den Hofrath oder die Justiz-Kanzley (welche concurrentem jurisdictionem haben), und von da in dritter Instanz ebenmäßig an das Oberappellations-Gericht i).

Betrifft nun aber der Streit ein außer Lands gelegenes Lehen (feudum extra curtem), Wer ist hier derjenige Richter, dem die Oberaufsicht zusteht, an den appellirt werden muß?

Vorzüglich nach Horn k) und Struv l) soll es derjenige seyn, dem der Lehenherr in bürgerlichen Sachen unterworfen ist. Dieser Meynung zufolge müßten also die Appellationen von den Erkenntnissen eines Reichsständischen Lehenhofs nicht an den Landesherrn, in dessen Gebiethe [illegible] das

i) Nach dem Zeugnisse des Hrn. v. Selchenbergs in disquisitione de feudis Brunsuicensibus & Lüneburgicis §. 59.

k) In jurisprudentia feudali, cap. [illegible] §. 13.

l) In elementis jur. feud. §. 51.

das Lehen gelegen ist, sondern an die höchsten Reichs-Gerichte gehen; wenn ihnen nicht etwa ein beschränktes oder unbeschränktes Privilegium de non appellando im Wege stünde.

Diese Meynung mag allerdings einiges für sich haben, wenn man auf ältere Zeiten zurück geht, wo der Ursprung der Lehenherrlichen Rechte überhaupt und unter diesen der Lehen-Gerichtsbarkeit zu suchen ist. Damals mochte sich wohl die Lehenherrliche Gewalt so wenig eine höhere Instanz von den Kaiserlichen Beamten aufdringen lassen, als diese die Evocationen der Unterthanen damals verhindern konnten, und wohlgegründete Rechte können auch allerdings ihren guten Grund behalten, wenn sie gleich der jetzigen Verfassung und den heutigen Rechten der Landes-Hoheit nicht mehr gemäß zu seyn scheinen.

Was Estor m) und Siegenheim n) und Dem-

m) In dissertat. de appellatione, quae ratione feudorum extra curtem ad dominum directum interponenda, non vero ad territorii dominum admittenda (Marb. 1766.)

n) In dissert. de appelatione in caussis feudi extra provinciam siti (Marb. 1770.)

Demiper o) früher schon zu erweisen suchten, das behauptete noch später Pfister p), daß nämlich die Appellation nicht an die höhern Gerichte des Landes, worinn das Lehen liegt, sondern vorerst an die höhern Gerichte des Lehenhofs, und in deren Ermanglung an die höchsten Reichs-Gerichte gehen müsse.

Alle diese, mit allen ihren Gründen, sind jedoch nicht vermögend, mich in dem Grundsatze wankend zu machen, daß, auch in dem vorliegenden Falle, das Recht der Appellations-Instanz in dem, in der Lehen-Justiz-Gewalt, als einem Zweige der Lehen-Hoheit, enthaltenen, Rechte der Oberaufsicht begriffen sey: ich glaube vielmehr denselben durch hinreichende Gründe jeder Art befestigen zu können.

1) Es ist soviel gewiß, daß ein Gut, das von einem auswärtigen Lehenherrn zu Lehen geht,

o) In diss. de eo, quod circa austraegas voluntarios inter vasallos, & circa appellationem in feudis extra curtem justum est (Wirceb. 1782.)

p) In diss. de judice feudorum extra curtem (Bamberg. 1789.)

geht, dadurch nicht der auf eben das Gut, als einen Theil des Landes, begründeten Landes-Hoheit entzogen wird: es ist ja selbst die Befugniß, Lehen-Verträge einzugehen, der Oberaufsicht des Landesherrn unstreitig untergeordnet.

2) Wenn gleich die Gesetze einen solchen auswärtigen Lehenherrn die Lehen-Gerichtsbarkeit zuerkennen, so ist doch bey ihr, als einer Staats-Dienstbarkeit, schlechterdings keine ausdehnende Erklärung zuläßig, mithin sind jene nur von der Lehen-Gerichtsbarkeit in erster Instanz zu erklären, und das Recht, appellationem anzunehmen, welches in der landesherrlichen Oberaufsicht gegründet ist, dadurch keineswegs ausgeschlossen.

Schon Herr Geh. J. R. Pütter bediente sich q) derselben beyden Sätze zu derselben Absicht. Pfister aber hat sich in der oben angezogenen Schrift r) bemüht, dieselben zu widerlegen:

---

q) In seinen auserl. Rechtsfällen, 1sten Bandes 2ten Theil, nro. 54. §. 20. S. 508.

r) §. 24. S. 32.

legen: es wird also hier nöthig seyn, zu untersuchen, in wiefern ihm dieß gelungen sey oder nicht. Gegen nro. 1. wendet derselbe ein: „Quid „ vero inde aliud, praeter id, colliges? quod „ principi simul certa quaedam in ejus modi „ feuda, tanquam partes territorii, jura com- „ petere debeant? „ Ganz richtig: „ Num „ idcirco eadem (principi, qua tali,) inde „ vindicabis jura, quae domino feudali, qua „ tali, tribuenda sunt? „ Verf. scheint hier vorauszusetzen, daß das Recht der Appellations-Instanz in Lehen-Sachen, unter die dem Lehenherrn zustehenden Rechte zu zählen sey, was doch eben erst (und zwar von uns verneinend für den Lehenherrn) ausgemittelt werden soll: „ Hujus illationis sequelam nullam video, „ sed eam potius, jura, quae domino feudi in „ feudum ejusque possessorem competunt, a ju- „ ribus principis in id, ceu partem territorii, „ ejusque possessorem qua subditum competen- „ tibus justo modo secerni oportere. „ Wieder ganz richtig: „ Sed haec domini territorialis „ circa feuda aliena potestas non ipsam involvit

„ juris-

„ jurisdictionem feudalem, utpote quae ex ter- „ ritorii superioritate non derivatur. „ Hier unterscheide ich: in Hinsicht der Lehen-Gerichtsbarkeit in erster Instanz stimme ich Verf. vollkommen bey, allein in Hinsicht der Lehen-Gerichtsbarkeit in zweyter Instanz läugne ich den von demselben nicht weiter bewiesenen Satz; (übrigens wird jeder, ohne meine Erinnerung, selbst einsehen, daß jener unter nro. 1. aufgestellte Grundsatz nicht sowohl einen vollständigen Beweis für sich, als vielmehr eine Stütze und Prämisse von nro. 2. ausmachen soll;) der Grund jenes Läugnens, und zugleich der Hauptbeweis für unsern Satz ist aber in nro. 2. enthalten. Dagegen wendet nun Pfister ein: „ Verum equidem est, jurisdictionis feudalis „ in alieno excercendae territorio naturam in- „ dolemque servitutis juris publ. esse, adeoque „ strictius eam relate ad jura territorii decla- „ rari debere; sed regulae hujus, quae strictius „ interpretari hanc juris publici servitutem ju- „ bet, alius praeter hunc nequit esse sensus: „ jurisdictioni nimirum feudali positos esse cer-

„ tos limites, ad eamque non alias, quam vere
„ feudales pertinere causas, cum adeoque non
„ omnes, quae intuitu feudorum oriuntur,
„ quaestiones, per se feudales censeri possint,
„ suo ordinario, i. e. civili relinquendas esse
„ foro, plane constat &c. „ Wenn Pf. den Sinn jener Regel dahin auslegt, daß der Lehen-Gerichtsbarkeit gewisse Gränzen gesetzt seyen, so hat derselbe vollkommen recht, und die Hauptstärke unsers Beweises beruht selbst darauf; wenn er aber diese Gränzen auf eigentliche und nicht eigentliche Lehen-Sachen beziehet, so hat er den ganzen Streitpunkt offenbar vergessen? denn da hier überhaupt nur von der eigentlichen Lehen-Gerichtsbarkeit die Rede ist, die sich nur mit eigentlichen Lehen-Sachen beschäftigt, so müssen unter dem Satze, daß die (eigentliche) Lehen-Gerichtsbarkeit eine Staats-Dienstbarkeit, und ihr somit gewisse Gränzen gesetzt seyen, offenbar ganz andere Gränzen verstanden werden, als die in Hinsicht eigentlicher oder uneigentlicher Lehen-Sachen, als welche Gränzbestimmung schon in dem Worte,

der eigentlichen Lehen-Gerichtsbarkeit vorausgesetzt wird. Wir bestimmen nun diese Gränzen von den verschiedenen Instanzen der Lehen-Gerichtsbarkeit, und ich kann mir wenigstens nichts anders denken, was dieser Gränzbestimmung mit Grunde entgegengesetzt werden könnte, und der auf dieselbe gebauete Beweis für den Grundsatz, daß die Appellationen in Lehen-Sachen, auch von auswärtigen Lehenhöfen an die Landes-Gerichte der im Streite befangenen Lehen gehen müssen, bleibt so lange vollgültig und entscheidend, bis der Ungrund jener Gränzbestimmung vollkommen dargethan ist, was jedoch kaum zu erwarten steht, und dessen sich Pf. am allerwenigsten rühmen kann; denn seine noch folgenden Gründe benehmen jenem Beweise eben so wenig, als seine vorhergehenden, irgend etwas von seiner Gültigkeit. Im §. 25. sagt derselbe: „Frequentior „statum imp. germanici ea ad se invicem solet „esse relatio, isque nexus, ut uni in alterius „territorio tum majorum tum minorum rega„lium exercendorum facultas competat, quin

 „id-

„ idcirco illius, qui servitutem hujusmodi usur-
„ pat, ingenue, itaque superioritati [illegible]
„ quidquam ademtum esse contendi posse. „
Es werden freylich keine Theile dadurch von der Staats-Gewalt abgeschnitten, da hat derselbe wohl recht, aber die Freyheit in Ausübung ihrer Rechte wird doch dadurch beschränkt, und wenn wir sagen, Staats-Dienstbarkeiten müssen strenge erklärt werden, so heißt dieß nichts anders, als Staats-Dienstbarkeiten müssen so erklärt, ihnen solche Gränzen gesetzt werden, daß dadurch die Freyheit der Staats-Gewalt, welche dadurch beschränkt wird, in Ausübung ihrer Rechte so wenig als möglich beschränkt werde. — Nun zählt derselbe eine Menge Beyspiele von Staats-Dienstbarkeiten auf, und schließt dann im letzten §. 1. „ Haec
„ igitur omnium servitutum juris publici in alie-
„ no territorio competentium indoles esse de-
„ bet, quod earum usus, dummodo justos non
„ excedat limites, tranquillus esse debeat &
„ independens: quod si vero jurisdictio feuda-
„ lis super feuda extra curtem alicui rite fun-

„ data

„ lata ad eandem servitutum juris publici clas-
„ sem referri debet, paros certe effectus ha-
„ beat, nec a domino patiente quovis modo
„ impediatur, necesse est; quare exterus terri-
„ torii dominus jus recipiendi appellationes a
„ curia domini feudalis ulterius devolvendas,
„ aeque ac in aliis juribus regalibusque; quae
„ servitutum jur. publ. titulo suis exerceri in
„ terris pati tenetur, arrogare sibi nunquam
„ valet." Allein es ist fürs erste eine bekannte Regel, daß von der Existenzweise einer Servitut kein gültiger Schluß auf jene einer andern gemacht werden könne und dürfe; und wenn dem Fürsten von Bamberg in zwanzig verschiedenen Territorien anderer Landesherrn die Cent-Gerichtsbarkeit in erster und anderer Instanz (wie sie bey dieser möglich ist) als Staats-Dienstbarkeit zukömmt, so darf doch daraus keineswegs gefolgert werden, daß ihm, wenn er in allen denselben Lehen hätte, auch die Lehen-Gerichtsbarkeit in zweyter Instanz über dieselben zustehen müsse. Fürs zweyte wird es niemanden einfallen zu läugnen, daß

 wenn

wenn in den Reichs-Lehen-Gesetzen, welche den Lehenherrn auch über ihre auswärtigen Lehen die Lehen-Gerichtsbarkeit zuerkennen, denselben die Lehen-Gerichtsbarkeit ausdrücklich in erster und zweyter Instanz gestattet wäre, alsdenn von den Landesherrn diesen Lehenherrn auch der ruhige Besitz dieser Dienstbarkeit in beyden Instanzen, in sofern er die gehörigen Gränzen nicht überschritte, gelassen werden müßte; da aber in jenen Reichs-Lehen-Gesetzen nur die Lehen-Gerichtsbarkeit schlechtweg gestattet, und eben hier die Frage ist, ob darunter auch die Appellations-Instanz in Lehen-Sachen zu verstehen sey, welche von uns aus den obigen Gründen verneint wird, so wird jeder von selbst einsehen, daß diese Sätze des Verf. unsern Beweis gar nicht treffen, noch weniger denselben widerlegen können. Ich würde für meine Leser ermüdend seyn, wenn ich dieselbe petitionem principii, mit der Verf. in einigen andern Sätzen am Schlusse desselben §. fortfähret, darthun wollte, und gehe daher zu den fernern Beweisen meines obigen Grundsatzes

Hofs über, indem ich die Prüfung anderer Sätze des Pf. die nicht gerade gegen jene zwey Sätze gerichtet sind, bis zum Ende des §. verschiebe.

Herr Professor Klüber meint in einer Anmerkung zu einem Auszuge dieser Pfisterischen Schrift s), daß durch jene zween Sätze die Freunde unserer Meynung sich mehr herauszuwickeln, als zu beweisen schienen; „denn„ sagt er: „die Unterwürfigkeit bleibt allerdings, „ aber nicht in den ausgenommenen Fällen, „ unter denen einer der merkwürdigsten die „ auswärtige Lehen-Verbindung ist; nach der „ eigentlichen ursprünglichen Lehen-Verfassung „ führt diese eine wahre Exterritorialität mit „ sich, und es kann von der Lehen-Verbindung „ auf eine unterthanschaftliche oder Landes-Ho„ heitliche, eben so wenig geschlossen werden, „ als umgekehrt von dieser auf jene. „ Beyde „ sind im Zweifel völlig unabhängig von ein„ ander; beyde haben durchaus separatam oeco„ nomiam. „

s) In seiner kleinen juristischen Bibliothek Band 5. Stück 19. S. 291. u. f.

Nicht sowohl nach der eigentlichen ursprünglichen Lehen-Verfassung, als vielmehr einer schiefen Ausdehnung derselben, mögte ich sagen, führten zwar in den frühern Zeiten dergleichen auswärtige Lehen-Verbindungen allerdings eine Art von Exterritorialität mit sich; denn es ist bekannt, daß eben diese am meisten dazu beytrugen, die Gränzen des nach dem Karolingischen Systeme geschlossenen Gauen und Grafschaften zu vertilgen; allein es ist eben so bekannt, daß mit der Entstehung und dem Fortrücken der Landes-Hoheit, jene Gränzen wieder hergestellt, diese Exterritorialität wieder aufgehoben, jene auswärtige Lehen-Verbindungen zwar geblieben, aber in die Gränzen ihrer eigentlichen und ursprünglichen Natur zurückgesetzt worden seyen, so, daß zwar itzt auswärtige Lehen-Herrlichkeit und Landes-Hoheit völlig unabhängig von einander sind, und keinesweges von jener auf diese geschlossen werden kann, daß aber auch, eben nach Aufhebung dieser Exterritorialität, die eigentliche Territorial-Hoheit über dergleichen Lehen wieder in den

gan-

ganzen Umfang ihrer Rechte zurückgesetzt worden ist. Ausnahmen von dieser Regel treffen mich, nach der von mir oben im §. 14. gemachten Bestimmung von den Objekten der Lehen-Hoheit eben so wenig, als jenem zufolge diese Klübersche Meynung mit ihren Gründen unserm Beweise einen Eintrag thut.

3) Stimmen mit diesem Grundsatze schon das Schwäbische und Sächsische Lehenrecht überein: Im ersten heißt es t) „und ist das Gut „des Herrn eigen u), so mag er die Urtheil „ziehen an den König, ob er in teutschen Landen ist. Ist das nicht, so ziehe er es vor „den Landrichter, da soll der Herr mit Recht „hinkommen — ob das Gut in seinem Gericht „ist.„ Daß unter diesem Landrichter der Landesherr, in dessen Lande oder Gerichte das Gut

 liegt

t) Im 19. Kap. und damit stimmt auch das Sächsische Lehenrecht Kap. 30. überein.

u) Das heißt: Besitzt der Lehenherr seine Lehenherrlichen Rechte jure allodiali? wie Schilter in seinem Commentare, über das Schwäb. Lehenr. im Kap. 18. §. 2. gezeigt hat.

liegt zu verstehen sey, hat Schilter in dem unten angezogenen Orte §. 6. hinlänglich erwiesen. Ob nun gleich heut zu Tage der Gang der Appellationen überhaupt, ihrer Natur gemäß, dahin abgeändert worden, daß sie zuerst an die Landesherrlichen, und von diesen erst an die Kaiserlichen Gerichte gebracht werden, so sieht man doch zum wenigsten ganz deutlich daraus, daß schon damals der Grundsatz geltend gewesen sey, daß die Appellationen von den Erkenntnissen der Lehenherrn überhaupt, also auch auswärtiger Lehenherrn, nicht an höhere Lehen-Gerichte, sondern an die Landesherrlichen Gerichte desjenigen Landes, worinn die Lehen gelegen sind, gebracht werden müssen.

4) Ist dieser Grundsatz in einer Urkunde Kaiser Ferdinands I. ausdrücklich bestättigt: Wilhelm, Herzog von Jülich, beschwerte sich bey demselben, daß mehrere auswärtige Lehenherrn, von ihren, in seinem Lande gelegener Lehen wegen, daselbst aufgestellten Lehen-Gerichten, die Appellationen an sich zögen, und von da weiter an das Kaiserliche Kammer-Gericht ge-

hen

hen ließen, und in einer ihm darauf von demselben Kaiser ausgestellten Urkunde x) heißt es unter andern: „Welchergestalt etliche ausländische Stift und Collegia auch von Adel in „seiner Liebden Fürstenthume und Landen son„derbahre Gericht haben, deren etliche Hoff„geding oder etliche Lauenberg genannt wer„den — — — von welchen dann oftmahl nicht „an seine Libden, als Landesherrn, darunter „die streitigen Güter gelegen, sondern an an„dern ausländische Oberkeiten, und von dan„nen an unser Kaiserlich Cammer-Gericht ap„pellirt würde, und also seine Libden aller„dings umbgangen, aber andere ausländische „Oberkeiten über solche Güter zu richten sich „unterstünden, und gleichwohl seine Liebden „und desselben Amt-Leuth und Befehlshaber, „um Execution und Vollziehung solcher ver„meinten ausländischen Urtheilen ersuchten, „welches dann sich vermög aller Rechten, auch [illegible] „un[illegible]

[illegible]

x) Man findet dieselbe bey Ludovici in seinem Lehen-Processe Kap. 18.

„ unser und des Heilg. Röm. Reichs Ordnung
„ dermassen nicht gebührt, und seiner Liebden
„ nicht zu geringen Abbruch ihrer Landes-Fürst-
„ lichen Hoheit und Obrigkeit reichen thäte, und
„ uns darauff mit Fleiß angesucht und gebe-
„ then, seine Liebden hierin, zu Erhaltung der-
„ selben Hoheit oder Oberkeit gnädiglich zu be-
„ denken ꝛc. „ Darauf ordnet der Kaiser:
„ Daß, wann jemandts von denen Urtheilen
„ so daselbst von der Mann-Cammer ergangen,
„ sich beschweren und der Güther halber, die
„ in seiner Liebden Fürstenthumb und Landen
„ gelegen, ferner appelliren wollen, solche Ap-
„ pellation an seine Liebden als den Landes-
„ herrn gezogen werden sollte. Und do hier-
„ wieder jemandts, wer der wären, solche ap-
„ pellationes mit Ueberschreitung seiner Lieb-
„ den an sich ziehen würde, so setzen, ordnen,
„ und wollen Wir, daß solche appellationes und
„ die darauf folgenden Erkenntnisse und Erklä-
„ rungen, ganz nichtig, kraftlos, und untüch-
„ tig seyn sollen, wie wir dann dieselbe hier-
„ mit von obbestimmten unser Kaiserlichen

„ Machtvollkommenheit, jezt alsdann, und dann „ als jezt vernichten, aufheben, cassiren, und „ für unkräftig und unbündig erkennen und er„ kleren ꝛc. ꝛc. „ Daß hierinn vom Kaiser selbst auf die Befolgung des oben aufgestellten Grundsatzes erkannt sey, indem er das Gegentheil, als seiner und des H. R. Ordnung zuwider, voraussetzt, bedarf wohl keiner Erinnerung.

5) Endlich spricht auch die Observanz in mehreren teutschen Territorien für die Gültigkeit dieses Grundsatzes: Die Königliche Landes-Regierung in Hannover rescribirte am 30sten März 1741 an die Justiz-Kanzley in Celle: „ Einem Domino directo könne die Jurisdiction über seinen Lehemann in caussis feudalibus nicht bestritten werden „ und sie billigte es am 18ten November 1758, daß die Sache Denecke contra Denecke aus diesem Principio an den Hessischen Lehenhof verwiesen wurde, jedoch mit Vorbehalt der Appellation von dessen Erkenntniß: „ Massen „ wie die Worte des Rescripts lauten, „ man von den bey der Lehen [illegible] „ Lehen-

„ Lehenkammer einmal angenommenen Grund-
„ satz, daß die Appellation von dem auswärti-
„ gen Lehenrichter schlechterdings an den do-
„ minum territorialem gehen müsse, nicht ab-
„ weichen kann, dagegen aber auch auswärti-
„ gen Lehenscurien die für begründet erkannte
„ Cognition in der ersten Instanz nicht zu ent-
„ ziehen ist.„ y) Im Preußischen allgemeinen
Landrechte z) ist ausdrücklich der Grundsatz enthalten, daß die Lehen-Gerichtsbarkeit in allen
Fällen der Obergerichtsbarkeit des Landesherrn untergeordnet sey, daß also die gewöhnlichen Rechtsmittel von den Aussprüchen der
Lehengerichte an die Landesherrlichen Obergerichte giengen, und der Vasall durch Lehen-
Reverse, worinn er sich verpflichte, den Lehenhof als seinen alleinigen Richter anzuerkennen,
und bey den Aussprüchen desselben sich zu beru-
higen, dem Gebrauche der ordentlichen Rechts-
mit-

y) Man findet dieses ganze Rescript in Böhmers
obs. jur. feudal. observ. 12. §. 18. S. 360.

z) Thl. 1. Tit. 18. §. 175 — 176.

mittel im allgemeinen nicht entsagen könne a). Von Böhmen, Würtemberg, Paderborn und mehrere andere Provinzen Teutschlands bezeugt Lünig dieselbe Observanz.

Wenn also Moser b) ohne alle Angabe von Gründen geradezu behauptet, daß die Appellationen an den Lehenherrn gehen müssen, und die Observanz, daß, wenn ein Korveyischer Vasall wegen eines im Chur-Braunschweigischen gelegenen Lehens von dem Korveyischen Lehenhofe gravirt würde, die Appellation an Chur-Braunschweig zu ergreifen sey, für einen Abfall von der Regel zu halten sey, so glaube ich aus den oben angeführten Gründen, daß derselbe der Sache nicht auf den Grund gesehen habe, und daß in denjenigen teutschen Territorien, wo die gegentheilige Observanz herrschend geworden ist, bloß darauf zu schließen sey, daß entweder Verträge in der Mitte liegen müssen, wo-

a) Man s. Terlindens Grundsätze des heutigen gemeinen Preußischen Lehenrechts §. 393.

b) Im s. Tr. von der teutschen Lehen-Verfassung, Buch 3. Kap. 19. §. 7.

wodurch jene begründet worden, aber daß die Macht der Landesherrn zu schwach gewesen sey, um von diesem in ihrer Lehen-Hoheit allerdings gegründeten Rechte der Oberaufsicht gegen auswärtige mächtigere Lehenherrn, Gebrauch machen zu können, daß, den Rechten gemäß, in der Regel, das Recht der Appellations-Instanz, in Lehen-Streitigkeiten ohne Unterschied, in der Lehen-Justitz-Gewalt als einem Zweige der Lehen-Hoheit enthalten sey. Mich unterstützt hierinn das Ansehen der competentesten Rechtsgelehrten, eines Senkenbergs c), Pufendorfs d), Geibners e), Strubens f), Böhmers g), Pütters h), Häberlins i), und mehrerer anderer.

Man

---

c) In primis lineis juris feud. §. 444.

d) In observ. juris univers. tom. 1. obs. 100. & tom. 4. obs. 267.

e) In differt. de dominio directo in territorio alieno §. 9. abgedruckt in Jenichens thes. juris feudal. tom. 2. p. 94. seq.

f) In s. rechtl. Bed. Thl. 1. Bd. 113. S. 263. folg.

g) Am oben angeführt. Orte.

h) Am oben angef. Orte.

i) Man s. Repert. d. teutsch. Staats- und Lehenrechts 3ten Thl. Artik. Lehen-Gerichtsbarkeit §. 20.

Man wird mir einwenden, einem landesherrlichen Gerichte kann doch unmöglich über das Gericht eines andern Landesherrn Oberaufsicht zustehen: dieß ist allerdings wahr, und es könnte scheinen, als habe ich mich oben desselben Grundsatzes bedient, wo ich behauptete, daß auf den Fall, wenn Afterlehen-Herrn gar keine Gerichtsbarkeit haben, und die Streitigkeiten in Hinsicht dieser Afterlehen bey dem ordentlichen foro rei sitae angebracht werden müssen, alsdenn die Appellationen von diesen nicht an den Lehenherrn, sondern an die Obergerichte desselben Unterrichters gebracht werden müssen. Allein diese Einwendung fällt hier völlig hinweg, wenn man bedenkt, daß der Lehenhof eines Landesherrn, als Lehenherrn, in Hinsicht der Gerichtsbarkeit, die er über solche Lehen, welche in dem Territorio eines andern Landesherrn liegen, ausübt, keineswegs die Eigenschaft eines Landesherrlichen Gerichts, sondern bloß den Charakter eines privaten Patrimonial-Gerichts habe, was nothwendig aus der, im §. 18. angeführten Art der Competenz der Lehen-Gerichtsbarkeit eines Lehenherrn über Güter in einem fremden Territorio folgen muß: (auf den Ort, wo diese Patrimonial-Gerichtsbarkeit wirklich ausgeübt wird, kann ohnehin nichts ankommen:) dieß vorausgesetzt, behaupte ich also — indem ich den Grundsatz aufstelle, daß von den Erkenntnissen des Lehenhofs eines auswärtigen Landesherrn an die Landesherrliche Gerichte jenes Landes, worinn die im Streite befangenen Lehen liegen, appellirt werden müsse — nur so viel, daß Landesherrlichen Gerichten über Lehenherrliche Gerichte, die in Hinsicht solcher Güter nur rationem judicii patrimonialis privati haben, also keinesweges, daß Landesherrlichen Gerichten über Landesherrliche Gerichte, die Aufsicht zukommen könne und müsse: und oben war die Sprache davon, daß keinem Lehenherrlichen Gerichte die Aufsicht über ein Landesherrliches Gericht zustehen könne.

Ich wende mich nun wieder zu den Pfisterschen Gegengründen; es ist nöthig zum voraus zu bemerken:

Erstens, daß derselbe in der oben angeführten Schrift §. 10. von dem Grundsatze ausgehe, daß der Grund aller Lehen-Gerichtsbarkeit in der bürgerlichen Oberherrschaft, und in einer stillschweigenden oder ausdrücklichen Ueberlassung eines Theils derselben an die Lehenherrn zu suchen sey: da aber Hr. Hofr. Haus in dem oben mehrmals angezogenen Programme das Irrige dieses Grundsatzes, in Hinsicht der landesherrlichen und privaten Lehen-Gerichtsbarkeit vollkommen erwiesen hat, von welcher auch nur bey Pfi. die Rede ist, so können auch darum alle dessen folgenden Beweise nicht gültig seyn, weil sie auf einen falschen Grundsatz gebaut sind.

Zweytens, leuchtet aus seiner ganzen Schrift der Grundsatz hervor, daß wenn jemanden eine Gerichtsbarkeit schlechtweg (indefinite) verliehen worden sey, diese Verleihung immer die niedre sowohl als obere Gerichtsbarkeit, als Theile des Ganzen, in sich begreife, wenn nicht der Verleiher beweisen könnte, daß er sich letztere vorbehalten habe, welchen Grundsatz der-

 selbe

selbe auch im 24ten §. S. 32 wörtlich äusserte. Allein bey weitem die meisten und angesehensten Rechtsgelehrten haben hinlänglich gezeigt, daß der gegentheilige Grundsatz — daß nämlich bey der unbestimmten Verleihung eines Regals (in regali indefinite s. simpliciter concesso), welches mehrere Arten (superior. & inferior.) in sich begreife, immer so lange die Verleihung nur der untersten Art vermuthet werden müsse, bis der beliehene Theil ein mehreres beweisen könnte, — nothwendig aus der Natur der Regalien gefolgert werden müsse. Diesen Grundsatz weiter auszuführen, würde mich zu weit von meinem Zwecke entfernen, ich verweise daher in Hinsicht desselben auf Schnauberts Commentar übers Lehenrecht §. 164. seq. —

Nun zu Pfi. Gegenbeweisen selbst: im §. 28. S. 37. sagt derselbe: „Jus recipiendi adpellationes „cum superioritate territoriali haud necessario „esse connexum, si de rebus & personis, quae „superioritati territoriali non quovis respectu „subsunt, occurrit quaestio.„ Sein Beweis ist folgender: „Ipse equidem palam profiteor,

„po-

„ positioni huic rectius contradici, quando de
„ judiciis in territorio quodam adornatis do-
„ minoque territorii immediate subjectis, secus
„ vero, quum de exteris non territorialibus fo-
„ ris, qualia dominorum feudalium sunt, ser-
„ mo habetur. Recta nimirum eorum, qui a
„ judiciis territorialibus provocare secum sta-
„ tuunt, ad territorii dominum aut constituta in
„ eum finem tribunalia, tanquam supremum ju-
„ dicem, via est; sed quis unquam territorii
„ princeps jurisdictionem feudalem in feuda ab
„ exteris recognita statibus, a territorialibus,
„ excluso feudi domino, judiciis ad ministran-
„ dam esse contendit? qua igitur ratione idem
„ princeps superioris instantiae judicem agat,
„ cui, si ex capite potestatis territorialis haec
„ vindicari jurisdictio superior posset, etiam in
„ prima instantia eadem cedere deberet juris-
„ dictio, quod quam sit absonum, ipsisque do-
„ minorum territorialium praetensionibus nequi-
„ dem desideretur, norunt omnes. „ Wie konnte doch Pf. einfallen, so etwas zu behaupten?
Hatte er denn nicht das tägliche Beyspiel vor

 sich,

sich, daß Landesherrn vermöge ihrer Landes-Hoheit sich die Appellations-Instanz über Patrimonial-Gerichtsbarkeit, und zwar mit vollem Rechte zueignen, ohne daß denselben deswegen jene auch in erster Instanz weichen muß? und warum sollte den Landesherrn nicht eben so vermöge ihrer Landes-Hoheit die Appellations-Instanz über die Lehen-Gerichtsbarkeit auswärtiger Lehenherrn, welche die Natur einer Patrimonial-Gerichtsbarkeit hat, und noch dazu nach seiner Meynung diesen von jenen verliehen ist, zustehen können, ohne daß sie darum auch in erster Instanz jene sich anmaßen müßten? — Aber auch zugegeben, dieser Satz sey in eben dem Grade wahr, als er offenbar falsch ist, so will ich demjenigen großen Dank wissen, der mir diesen Satz als Beweis für jenen ersten, wozu er eigentlich aufgestellt war, einleuchtend machen wird.

Selbst aus der Natur der Lehen-Gerichtsbarkeit will Pfi. die Unrichtigkeit unsers Grundsatzes darthun: „ Siquis, enim „ sagt derselbe im 29ten §. „ in prima aut superiori instantia

„ pote-

„ potestatem juris dicundi in res aut personas „ competere sibi adstruit, profecto jurisdictione „ *quadam* & praesertim *ea*, ad quam causa, de „ cujus cognitione quaeritur, pertinet, juris- „ dictionis specie gaudeat, necesse est. „ Daß Landesherrn jurisdictionem *quandam* haben, wird doch wohl Pfi. nicht läugnen wollen? und da derselbe behauptet, daß auswärtige Lehenherrn ihre Lehen-Gerichtsbarkeit, vermöge ausdrücklicher oder stillschweigender Verleihung zukomme, so müssen doch auch diejenigen, die die Lehen-Gerichtsbarkeit verliehen haben, selbst eine solche haben? denn was man nicht hat, kann man wohl auch nicht geben: „ At vero do- „ mino territorii in feuda, quae ab alio pen- „ dent domino, utut in suo sita territorio, nul- „ la plane competit jurisdictio, quippe quae „ praevio contractu feudali, pactisque specia- „ libus, quae Vasalli cum solo feudi, non ter- „ ritorii domino inire, adeoque nec alteri cui- „ dam profluam inde subjectionem debent, ni- „ titur; quo igitur fundamento dominus terri- „ torialis (aut in prima) aut in superiori pro-

 „ voca-

„ vocationis instantia jus cognoscendi super „ feuda alieno competentia domino sibi tuebi„ tur? „ Sonderbar: Hier behauptet Pfister, daß die Lehen-Gerichtsbarkeit auf dem Lehenvertrage beruhe, und im 9. §. derselben Schrift heißt es: „ Posterior autem sola verae juris„ dictionis feudalis, in sensu proprio, nomine „ insignitur, de qua nobis sermo est; hanc vero „ jurisdictionis speciem ex investiturarum pactis „ derivari non posse, is, qui potestatem juris „ dicundi contrahentium non relictam esse ar„ bitrio noverit, facili labore perspiciet, alio„ quin enim & locatori in conductorem ex con„ tractu locati conducti jurisdictionem vindicari „ posse, eodem componeretur argumento, quod „ utrumque absurditate non caret. „ Und im 10ten §.: „ Schraderus quidem omne funda„ mentum jurisdictionis feudalis in ipso con„ tractu feudali collocat, cujus vero ad certi „ parum sufficientibus nixi argumentis ineptiam „ praeced. § 9. sat ostensam esse puto &c. „ Wollte ich mir auch selbst Mühe geben, diesen Widerspruch zu heben, mit dem Verf. hier dasjenige behauptet, was er vorher selbst absurd und inept zu nennen beliebte, und annehmen, daß derselbe unter dem Worte nititur hier so viel verstanden habe, (was jedoch dem Sprachgebrauche gemäß in dem Worte niti gar nicht liegt) daß der Lehen- oder Investitur-Vertrag die Bedingung sey, ohne welche eine Lehen-Herrlichkeit, und also auch eine mit ihr verknüpfte Lehen-Gerichtsbarkeit nicht ausgeübt werden könne, so würde doch selbst dann dieser Beweis nichts gegen uns ausrichten. Denn ein ausdrücklicher oder stillschweigender Lehenvertrag, ist zwar allerdings die nothwendige Bedingung, ohne welche Lehen-Herrlichkeit in einem bestimmten Subjekte nicht gedacht werden kann, folglich ist derselbe auch die mittelbare nothwendige Bedingung, ohne welche kein bestimmtes Subjekt, sich der durch die Reichs-Lehen-Gesetze mit der Lehen-Herrlichkeit verknüpften Lehen-Gerichtsbarkeit bedienen kann; allein wir haben oben bewiesen, daß durch die Reichs-Lehen-Gesetze nur die Lehen-Gerichtsbarkeit in erster Instanz mit der Lehen-Herrlichkeit verknüpft, und durch dieselbe der Landes-Hoheit das Recht der Oberaufsicht über diese: Lehen-Gerichtsbarkeit, welches sie vorzüglich durch die Appellations-Instanz ausübt, keineswegs entzogen worden sey. Pfister fährt unmittelbar darauf fort: „Qui enim tam insolita „ sibi jura arrogat, hoc uti videtur sophismate: agnoscor dominus territorii, hinc & dominus feudorum directus agnosci, jure cupio, „ hinc jurisdictio feudalis indistincte, hincque „ jus recipiendi adpellationes in causis quibuscunque feudalibus mihi competit; sed qui hujus tueri vim conclusionis possit, magnus mihi „ erit Apollo.„ Pfister hätte durch nichts besser und deutlicher an den Tag legen können, daß er den Beweis seiner Gegenparthey, welchen er widerlegen wollte, selbst gar nicht einmal verstanden habe, als er es dadurch gethan hat, daß er derselben den Gebrauch jenes Sophism. aufbürdete. — Der Erzeugung eines solchen Sophism. war nur der Verfasser einer solchen Schrift fähig.

Im

Im folgenden §. 30. sagt Pf., daß jeder auswärtige Lehenherr, wer er immer sey, in Hinsicht solcher Lehen nur eigentliche Lehen- keine Civil-Gerichtsbarkeit habe; denn aus dem Lehen-Bande zwischen den Lehenherrn und Vasallen entspringe nur eine Lehen- keine Civil-Gerichtsbarkeit: und doch maßten sich die Landesherrn solcher Lehen über dieselben eine Provocations-Instanz in eigentlichen Lehen-Sachen an, ohne daß sie je in einer Lehen-Verbindung mit jenen sich befunden hätten; er halte sich daher vollkommen überzeugt, daß die Lehen-Gerichtsbarkeit von der Landesherrlichen ganz verschieden, jene weder aus dieser abgeleitet, noch dieser untergeordnet werden können. Man sieht wohl, daß dieß eine höchst unnütze, und noch dazu äußerst verworrene Wiederholung des vorhergehenden sey, welches also um so weniger einer neuen Widerlegung werth ist. Aber es ist zum Theile lächerlich, zum Theile unbegreiflich, wie Pfister diejenigen schädlichen, Tumulte und Verwirrungen unter den Reichs-Ständen hervorbrin-

gen-

genden Folgen aus unserm Grundsatze ziehen konnte, welche derselbe am Ende dieses, und durch den ganzen 3xsten §. aufgezählt hat. Ich will dieselbigen zu meiner Rechtfertigung wörtlich anführen: in der Mitte des 30sten §. heißt es: „Ejusmodi profecto dissentientium adserta „falsam gignerent conclusionem, quasi a prin„cipis pendere arbitrio posse, prædia subdi„torum in suo sita territorio, suaeque subjecta „potestati pro feudis reputare, & ab iis prae„ter homagium territoriale feudale in super „homagium exigere, servitia feudalia imperare, „ipsamque sibi jurisdictionem feudalem (quin „pacta investiturarum unquam praecesserint) in„competenter sibi arrogare„ und im §. 38. „Quin imo ex dissentientium opinione nonnisi „tumultus inter singulos imp. status & turba„tiones enasci debere plane liquet, quae ulte„rior mihi ratio est, ab eorum sententia dis„cedendi. Pone tibi casus in dies obvios, do„minum feudi a Vasallo suo, quem v. c. do„minus ex moribus Germaniae coram proprio „parium curiae judicio in causa feudali conve-

„nit,

„ nit, a Vasallo eodem processu reconveniri, „ ferrique a paribus sententiam, quae minus „ placet, hinc ex dissentientium opinione ad „ tribunal principis, in cujus territorio feudum „ esse situm admittimus, provocandum erit, „ adeoque feudi dominus, qui ipsemet status „ imperii, soli Cæsari, & imperio subjectus, „ alterique principi ordine plane aequalis, nec „ ulla ratione subjectus, nec inferior est, ab „ eo judice territoriali jus petat?„ (Diesem Einwurfe glaube ich oben unmittelbar nach meinen Beweise-Sätzen hinreichend begegnet zu haben) „Vel vice versa cogitemus, a domino feudi „ Vasallis suis extra curtem ordinationem quan„dam praescribi, quae obligationes feudales „ concernat, ab his autem ab ea ordinatione „ tanquam gravamine extrajudiciali ad territorii „ dominum adpellari; nonne omnis domini feu„dalis potestas jusque ordinationis effectum ad „ executionem perducendi suspensa foret? — si „ dominus Vasallum ad praestanda fidelitatis ser„vitia provocat, impunis ille emanere poterit, „ omnemque elidere domini potestatem ex pas-

„ sime

„ fimo illo principio: Vafallum subesse potestati territoriali hinc domino feudi jus quodȝ dam immediatum adstrui non posse, qua demum ratione, jurisdictio feudalis statuum imperii aliorumque immediatorum, unicum hoc antiquioris aevi munus, dominis feudalibus superstes, sensim deperderetur; si ulterius spectaveris nociva haec principia adeo extendi, ut domini territoriales feuda intra curtem suam sita & ad exteros pertinentia suis adeo legibus territorialibus non iis, quae in ceteta domini curia vigent, regenda esse, contendat, novam enasci jurium legumque confusionem, facile liquet. Nam cogitemus, eam alieni territorii, in quo sita sunt feuda, domini, ejusque curiae feudalis legem esse & observantiam, quae feuda in territorio sita regulariter impropria esse velit, & descendentes quoscunque sive masculos, sive foeminas ad successionem admittat in feudis, ab hac vero lege ordinem succedendi in curia domini exteri usitatum plane recedere, ibique juris communis praescripto intuitu suc-

„ ceden-

„ cedentium insisti, maxima profecto tali casu, „ quo causa feudalis ad judicium territoriale „ devolvitur, jurium confusio, dominis feuda- „ libus aeque ac Vasallis perniciosissima non „ oriri non poterit? „ Ich bin überzeugt, daß mir jeder, der unsern Grundsatz mit seinem Beweise richtig gefaßt hat, die Ausführung des äußerst falschen dieser Folgerungen aus demselben, als eine überflüßige Arbeit anrechnen würde. Nichts kann Pfistern entschuldigen, als sein Mißverstand unsers Grundsatzes, und die von demselben ganz willkührlich und widerrechtlich geschehene Hineintragungen in denselben, wenn anders dergleichen Gründe jemanden, der sich zum Richter über andere aufwirft, entschuldigen können. Im 32ten §. führt derselbe aus verschiedenen Stellen der Kaiserlichen Wahlkapitulationen einen Beweis gegen uns: „ In- „ de „ heißt es darinn „ factum esse novimus, „ ut jam in capitulationibus imperatorum Leo- „ poldi & Josephi I (art. 27.) nec non Ca- „ roli VI (art. 21.) cautum fuerit, quominus „ domino directo salva esset feudorum ubicun-

„ que

„ que sitorum ob felohiam privatio. Ex quo
„ constare satis opinor, dominis feudorum di-
„ rectis (immediatis scil. statibus, ordinibus
„ imp. equestribus) plenissimam in feuda extra
„ curtem sita cognitionem tribui, eamque per
„ singulos instantiarum gradus ad ipsam usque
„ sententiae executionem, qualis certe feudi ob
„ feloniam privatio est, perduci ab iis debere.
„ Ea propter in capitulationibus novissimis Ca-
„ roli VII, Francisci I & Josephi II (art. 21.)
„ singulis imperii statibus sancte promissum esse,
„ legimus. „ Die Churfürsten, Fürsten und
„ Stände des Reichs (die freye Reichs-Ritter-
„ schaft mit einbegriffen), wegen ihren angehö-
„ irgen Lehen, sie seyn gelegen, wo sie wollen,
„ bey ihren Lehenherrlichen Befugnissen auch
„ Gerichtsbarkeit allerdings (d. h. auf alle und
„ jede Weise, nach Pfisters Erklärung) unbe-
„ einträchtigt zu lassen, und ihnen darinn von
„ keinem Reichs-Gerichte neque sub praetextu
„ continentiae causarum, neque judicii univer-
„ salis eingreifen zu lassen. Hoc passu itaque
„ capitulat. Caesareae privativa dominorum feu-

„ dalium

„ dellum in feuda tum intra, tum extra curtem „ sita, jurisdictio, tanquam fundamento legis „ tutissimo agnita est, & stabilita; quum sum„ mis adeo imperii judiciis, ne in haec domi„ norum feudalium jura involent, ligatas vide„ mus manus & quid adeo? ipsi imp. status „ hisce subjecti archidicasteriis econtra vicinos „ sibi ordineque aequales constatus in adpella„ tionis adeo instantia hanc sibi arrogare juris „ dicundi reformandique potestatem, non eru„ bescant? Insolitas hasce nonnullorum prae„ tensiones seu potius usurpationes penitius qui „ perspexerit, cumque hac legis sanctione con„ tulerit iniquitatem omnis expertem funda„ menti non potest non deprehendere." Der Sinn, den der Verf. in diesen Sätzen jenen Stellen der Kaiserl. Wahlkapitulationen beygelegt, ist offenbar falsch, indem daraus folgen würde, daß den Reichs-Gerichten auch nicht einmal in letzter Instanz Erkenntniß über dergleichen Lehen-Streitigkeiten zustehe, was doch notorisch unrichtig, und voraus vom Pfister selbst widersprochen ist, indem derselbe im

14. und 15. §. sich bemühte, zu zeigen, daß die Privilegia de non evocando der Reichs-Stände nicht auf Lehen-Sachen angewendet werden dürften.

Der Sinn jener Stelle ist vielmehr dieser: daß die Reichs-Gerichte sich Erkenntniß über dergleichen Lehen-Sachen in erster Instanz unter keinem Vorwande anmaßen sollen. Natürlich dürfen sich also die Territorial-Gerichte derjenigen Länder, worinn die von auswärtigen relevirenden Lehen liegen, über dergleichen Lehen betreffende eigenthümliche Lehen-Sachen (in der Regel) sich keine Gerichtsbarkeit in erster Instanz anmaßen, was ich selbst noch nie widersprochen habe. So wenig sich aber aus jenen Stellen folgern läßt, daß den Reichs-Gerichten in letzter Instanz keine Erkenntniß über dergleichen Lehen-Sachen zukomme, so wenig folgt daraus, daß dergleichen Territorial-Gerichten über dergleichen Lehen-Sachen keine Erkenntniß in zweyter Instanz zustehen könne und dürfe; so wenig haben also die Reichs-Stände darum Ursache, über das Verfahren

nach

nach unserm Grundsatze, der nichts weniger, als usurpation ist, und auf den triftigsten Gründen beruht, zu erröthen.

Wer endlich, wie es Pf. in der Mitte des 34sten §. gethan hat, daraus, daß z. B. ein weltlicher Fürst eines katholischen Landes, ob er gleich die Oberaufsicht über die geistliche Gerichtsbarkeit habe, doch darum sich keine Erkenntniß in höherer Instanz über dieselbe erlauben dürfe, darauf schließen kann, daß auch einem Landesherrn, ob ihm gleich über eine solche Lehen-Gerichtsbarkeit, wovon hier die Rede ist, die Oberaufsicht zukomme, doch deswegen keine Erkenntniß in höherer Instanz über dieselbe zustehen könne, der sollte offenbar keine weitere Rücksicht verdienen.

Indem ich befürchte, mich ohnehin schon länger, als es der Zweck dieser Abhandlung erlaubt, bey dieser Schrift aufgehalten zu haben, übergehe ich hier einige andere Beweise des Pf., die auf denselben, bisher schon als falsch erwiesenen, Grundsätzen beruhen, erkläre

 mich

mich jedoch zu jeder Stunde bereit, auch auf dieselben einzeln zu antworten.

Einem einzigen Umstande muß ich noch begegnen, den Pf. im 40sten und 41sten §. ausführte, worinn derselbe einige Fälle aufzählte, worinn das Kaiserliche Reichskammer-Gericht seiner Meynung gemäß erkannt habe: allein fürs erste liegt in einigen dieser Fälle, gar nicht jene Bestättigung, die er darinn zu finden glaubte, und fürs zweyte glaube, wer da will, an die Kraft dieser Präjudicien. Hier ist über den Sinn einiger Reichsgesetze Streit, und ich bin vollkommen überzeugt, daß den Reichsgerichten so wenig die Gewalt zukomme, zweifelhafte Reichsgesetze für sich so zu interpretiren, daß diese Interpretation verbindende Norm für die Reichsstände werden müßte, als daraus, daß einige Reichsstände sich in einzelnen Fällen ihres Rechts begeben haben, gefolgert werden kann, daß sie sich immer desselben Rechts begeben müssen, oder daß denselben, so wie auch andern, dasselbe Recht gar nicht zustehe.

Hrn.

Hrn. Dempers noch unerheblichere Gegengründe, sind in jenen des Pfisters enthalten, und bedürfen also keiner eignen Widerlegung.

Es versteht sich übrigens von selbst, daß, wenn auch diese unsere Doktrinal-Interpretation diejenige, wofür ich sie nach meiner vollen Ueberzeugung halte, das heißt, die richtigere ist, dennoch diejenigen Lehen-Höfe, die sich, vermöge einer entgegengesetzten Usual-Erklärung, welche zum wenigsten mit jener gleiche Wirkung hat, in den Besitz einer gegenseitigen Observanz gesetzt haben, so lange bey diesem ruhigen Besitze gelassen, und in demselben geschützt werden müssen, bis durch eine authentische Gesetz-Interpretation der ganze Streit vollkommen entschieden ist.

§. 21.

In der Lehen-Justiz-Gewalt, als einem Rechte der Lehen-Hoheit, ist ferner enthalten die **Justiz-Gesetzgebung** und die **vollstreckende Gewalt**.

Erstere begreift vorzüglich in sich das Recht, Vorschriften in Hinsicht des Lehen-Prozesses zu machen. Da Gesetze überhaupt nur Unterthanen des Gesetzgebers verbinden, so versteht sichs von selbst, daß auch gesetzliche Vorschriften dieser Art, nur für die Lehen-Gerichte solcher Lehenherrn, die zugleich Unterthanen, oder Landsassen desselben Gesetzgebers sind, nebst seinen eignen Lehenherrlichen Gerichten, verbindende Norm seyn können.

Letztere berechtigt das Subjekt der Lehen-Hoheit, durch seine Territorial-Gerichte Handlungen vornehmen zu lassen, die *in re praesente* vorgenommen werden müssen; dahin gehören z. B. die Immission in die Lehengüter, und Vollstreckung sowohl inländischer als auswärtiger Lehengerichtlicher Urtheile. Dergleichen Handlungen vorzunehmen, kömmt offenbar nach den Grundsätzen des teutschen Staats- sowohl als Privat-Rechts, nur allein den ordentlichen bürgerlichen Gerichten zu, unter welchen sonst die Lehen-Güter und ihre Besitzer stehen.

Pfister und Demper, die ohnehin den Lehenrichter zu allen und jeden gerichtlichen Hand-

lun-

lungen, ohne Ausnahme, berechtigt halten, erklären, nach ihrer gewöhnlichen Art, diesen Grundsatz nicht nur allein jenen oben angezogenen Stellen der Kaiserlichen Wahlkapitulationen zuwider, und dadurch die Lehen-Gerichtsbarkeit widerrechtlich beeinträchtigt, sondern auch alle ihre Wirksamkeit dadurch aufgehoben: aber keines von beyden ist wirklich der Fall; der Lehenrichter mag ungestört den ganzen Lehenprozeß instruiren, und ihn bis zum Endurtheile fortsetzen, selbst darinn den Vasallen seines Lehen verlustigt erklären; und sein Urtheil muß, wie es ist, in sofern kein Remedium suspensivum dagegen eingewandt ist, vollzogen werden: allein nur er selbst darf sich die Vollziehung desselben nicht anmaßen, sondern er muß den ordentlichen bürgerlichen Richter, unter dem sonst das Lehengut oder der Vasall steht, gehörig darum requiriren. Muß doch selbst der ordentliche bürgerliche Richter eines Landesherrn, wenn eins seiner Urtheile Vollziehung in dem Gerichts-Bezirke eines andern bürgerlichen Richters desselben Landesherrn er-

 heischt,

heischt, letzterem dieselbe überlassen, und ihn gehörig darum ersuchen. Aber auch selbst dann, wenn die Person des Lehenrichters auf irgend eine Weise mit der Person dieses bestimmten ordentlichen bürgerlichen Richters coincidirte, würde nach der Analogie derselbe nur in der Eigenschaft des letztern dergleichen Handlungen vornehmen können.

Mit dieser Meynung überhaupt stimmen überein Reinhard k), Griebner l), Böhmer m), Göbel n), Struv o), Hommel p) und mehrere andere.

In der Jülich'schen Ordnung des gerichtlichen Prozesses, in Lehen-Sachen ꝛc. vom Jahre 1555. q) heißt es im 14ten Titel ausdrücklich: „So

k) In diss. de eo, quod justum est circa executionem in bona feudalia §. 16. & 20—24.

l) In diss. de dominio directo in territorio alieno §. 9.

m) In princ. jur. feud. §. 322.

n) In diss. de feudis extra curtem §. 27.

o) In syntagm. jur. feudal. cap. 14. §. 34. n. 2.

p) In observat. obs. 842.

q) Man findet dieselbe in Lünigs corp. juris feudal. Th. 2. S. 1339. u. folg.

„ So ein Urtheil ausgesprochen, und davon „ nicht appellirt, oder wann gleich davon ap- „ pellirt, und die Appellation aus rechtmäßi- „ gen Ursachen nit zugelassen, oder aber sonst „ erloschen und desert worden, so soll solch „ Urtheil, auf Ansuchen der gewinnenden „ Parthey vollstreckt und in Lehengütern dem „ verlierenden Theil erstlich gebothen wer- „ den, solch Lehen-Gut in einer sichern be- „ nandten Zeit dem Kläger zuzustellen, und „ inn zu antworten: Wo dann solche Einräu- „ mung des Guts nit geschehe, sollen unser „ Stadthalter und Ampt-Leut eines je- „ den Orts, von unsert als der Fürstlich „ Hohen Obrigkeit wegen die Vollstreckung „ thun, und der gewinnenden Parthey ge- „ rührt Lehen-Guth wirklich inngeben, und be- „ sitzlich zukommen lassen. Es wäre dann Sach, „ daß die Parthey, gegen welche die Vollstre- „ ckung geschehen soll, rechtmäßige Ursachen, „ dardurch mit der Execution, nach Ordnung der „ Rechten, billig in Ruhe zu stehen, dargegen „ fürwenden würde. „ Hr. v. Kreittmayer

 be-

berichtet r): „Es wird von der Regierung Am-
„ berg den Böhmischen Vasallen nicht gestat-
„ tet, daß sie sich von dem Böhmischen Lehen-
„ hofe auf ihre Lehen-Güter in der obern Pfalz
„ immitiren lassen, sondern die Immission ge-
„ schieht als ein actus jurisdictionis ordinariae
„ vel juris territorialis nur von der Regierung
„ nach vorläufig abgelegter Landsassenpflicht,
„ ob man schon mit gedachtem Lehenhofe noch
„ in Contradiction darüber steht. „

§. 22.

Ein ferneres Recht der Lehen-Hoheit ist die in der bürgerlichen Oberherrschaft eines Staates enthaltene Militair-Gewalt, oder das Recht, Anstalten zum Zwange zu errichten, zu erhalten und zu gebrauchen, angewendet auf diejenigen Lehen, welche (nach §. 14.) Objekte der Lehen-Hoheit sind: diesem Rechte der Lehen-Hoheit entspricht z. B. die Pflicht des Vasallen, als

r) In seinem Bayrischen Staats-Rechte §. 149, S. 314.

als Unterthanen, in vorkommenden Fällen sich mit seinen Hintersaßen der allgemeinen Heeresfolge zu unterwerfen, selbst in einem Kriege gegen seinen Lehenherrn zu unterwerfen, denn kein Privatvertrag mit einem dritten kann die Unterthanenpflichten aufheben, und die Lehentreue ist selbst in Collisions-Fällen allemal der Unterthanentreue untergeordnet; ferner: die Pflicht, sich auf seinen Gütern Einquartirung gefallen zu lassen, und, sind es feste Plätze, in Fällen, in welchen es die Sicherheit des Staats erfodert, dem Landesherrn jedesmal das Oeffnungs- und Besatzungsrecht in dem Maase, in welchem es jene erheischt, zu gestatten. Wenn Herr Oerken a) sagt: daß die Landes-Hoheit nur in den neuern Zeiten ein Rechtsgrund des Oeffnungsrechts sey, und wenn man wirklich bey Lünig und Gudenus mehrere Urkunden findet, in denen sich Landesherrn, vorzüglich im 13ten Jahrhunderte, das Oeffnungsrecht in den festen Burgen landsäßiger Vasallen vorbehalten

a) In s. vermischten Abhandl. Thl. 2. Abh. 1.

halten haben, so heißt jenes, und folgt aus diesem weiter nichts, als daß Teutschlands ehemalige Unordnungen verschiedenen Landesherrn ihre Befugnisse noch nicht kennen oder ausüben ließen. Dergleichen Vorbehalte würden jedoch heut zu Tage zuverläßig eine höchst unnütze Ceremonie seyn, und werden nicht leicht mehr vorkommen, denn sobald die Landes-Hoheit vorhanden ist, sobald kann auch der Landesherr das Oeffnungsrecht ausüben; dieß ist eine natürliche und wesentliche Folge der Landes-Herrschaft, weil jeder Landesherr in seinem Territorio das Kriegs- und Waffenrecht hat, und jeder Unterthan hiezu behilflich seyn muß, geschweige denn Hindernisse setzen darf. So gewiß sich jedoch von der Lehen-Hoheit auf dieses Oeffnungsrecht in der Regel schließen läßt, so wenig ist die Zuständigkeit des Oeffnungsrechtes auf der andern Seite zu einem vollständigen Beweise für die Lehen-Hoheit hinreichend; denn es ist bekanntlich etwas gemeines, daß dasselbe Recht oft vermöge des Lehenvertrags, dem Lehenherrn, oder auch aus besondern Verträgen

und

und Bündnissen, auch dritten, nach Art einer Staats-Dienstbarkeit, zusteht, nur versteht sich, daß diese Staats-Dienstbarkeit so wenig jenes Recht der Lehen-Hoheit ausschließt, als es einem Landsäßigen Vasallen heut zu Tage erlaubt ist, einem auswärtigen, ohne Consens des Landesherrn, als Subjekts der Lehen-Hoheit, das Oeffnungsrecht auf seiner festen Burg zu gestatten.

Daß dem Kaiser, als dem Subjekte der Lehen-Hoheit im Reiche, eben diese Einquartierungs-, Besatzungs- und Oeffnungsrechte, in Hinsicht der Reichs-Lehen, in einem Reichskriege zustehen, wird wohl keinem Zweifel unterworfen seyn; nur muß die Ausübung dieser Rechte mit möglichst geringer Beeinträchtigung der Landes-Hoheit geschehen.

§. 23.

Ich begnüge mich, die übrigen Hoheits-Rechte, die angewendet auf Lehen, Rechte der Lehen-Hoheit sind, blos anzuzeigen. Hieher gehören z. B. die Finanz-Gewalt, in Hinsicht des Besteurungs-Rechtes; die Polizey-

Ge-

Gewalt mit den darinn enthaltenen Rechten der Personen- sowohl als Güter-Polizey-Aufsicht-Gesetzgebung- und Verwaltung; Forst- und Jagd-Regal; und was unter diese Klasse nutzbarer Regalien mehr gehört: daß alle diese Hoheits-Rechte auf diejenigen Lehen, welche Objekte der Lehen-Hoheit sind, in der Regel angewendet werden können, leidet keinen Zweifel: nur machen die häufigen Ausnahmen von dieser Regel in den besondern Verfassungen einzelner Territorien die Zurückweisung auf besondere Territorial-Staats-Rechte durchaus nothwendig.

§. 24.

Aus allem dem bisher gesagten fließt endlich:

ein VIter und letzter Unterschied zwischen Lehen-Herrlichkeit und Lehen-Hoheit, nämlich der in Hinsicht ihres Zweckes und der Art ihrer Beendigung.

Erstere hat die Pflichten der Vasallen, als solcher, letztere die Pflichten der im Lehen-Bande sich befindenden Personen als Staatsbürbürger, erstere die Verbindlichkeit der Vasallen zur besondern Lehen-Treue, letztere das Wohl der gesammten Staats-Glieder zur Absicht; erstere geht auf Erhaltung und Erfüllung der Bedingungen der Existenz der Lehen-Verbindung, letztere auf Unschädlichkeit, und möglich größte Vereinigung des Lehen-Instituts überhaupt zum allgemeinen Staats-Zwecke. Der Zweck der erstern ist ein für sich bestehender, auch außer allem Staate möglicher Zweck. Der Zweck der letztern ist theils in dem Staats-Zwecke selbst enthalten, theils diesem bey- und untergeordnet, nur in und mit einem Staate gedenkbar.

Lehen-Herrlichkeit endigt sich sowohl im Allgemeinen mit der Auflösung des Lehen-Bandes überhaupt, als bey bestimmten Individuen durch Verjährung, Felonie des Lehenherrn, Reichs-Acht, Abgang des Lehenherrlichen Hauses, und Veräußerung. Die Streitfrage, ob zu dieser Veräußerung des Vasallen Einwilligung erfoderlich sey, oder nicht, gehört nicht zu meinem Zwecke r). Uebrigens verbindet die Wahl-

r) M. s. die darüber von J. M. Martini, und C. W. Wulflef gewechselten Schriften bey Ipernik in s. Samml. auserl. Abh. aus dem Lehenr. Th. 1. nro. 20—23. S. 226.

Wahlkapitulation (Art. 10. §. 10.) den Kaiser, die Lehen-Herrlichkeit über die großen Reichs-Lehen, ohne Einwilligung des Reichs, nicht zu veräußern: und will Jemand, der etwas vom Kaiser und Reich zu Lehen empfängt, seine Unterlehens-Herrlichkeit an einen dritten veräußern, so muß es allzeit, wenigstens mit Bewilligung des Kaisers, und, wenn derselbe über das Lehen alleine nicht disponiren kann, zugleich mit Einwilligung des Reichs geschehen u).

Lehen-Hoheit endigt sich, im Allgemeinen, nur mit der völligen Existenz des Lehens-Instituts im Staate, bey einzelnen Individuen aber auf dieselbe Weise, auf welche sie überhaupt aufhören, bürgerliche Oberherrn zu seyn. Im ersten Falle fehlt es der bürgerlichen Oberherrschaft an dem Objekte, das ihre Lehen-Hoheit begründete, im zweyten Falle aber bleibt dieses Objekt allerdings, nur geht in den Subjekten der Lehen-Hoheit eine Veränderung vor.

Es wird von dem Urtheile des sachverständigen Publikums abhangen, ob die hier entworfenen, meistens nur angedeuteten, Züge weiter ausgezeichnet werden sollen, oder nicht.

---

u) Haeberlins Repert. des teutsch. Staats- und Lehen-Rechts, Thl. 3. S. 230.

www.ingramcontent.com/pod-product-compliance
Lightning Source LLC
Chambersburg PA
CBHW030847270326
41928CB00007B/1253
9783743623255